Hermann-Josef Frisch
Der Buddha
Die Geschichte des Erwachten

Inhalt

Zum nebenstehenden Bild:

Ananda, Bronzefigur aus den Longmen-Grotten, Luoyang, China

Ananda ist Vetter, Freund und Lieblingsschüler des Buddha und deshalb der Erzähler unseres Romans. Der Name »Ananda« bedeutet im Sanskrit Wonne, Glückseligkeit.

Der Löwenruf

Zur Abendzeit, ihr Mönche, tritt der Löwe aus seiner Höhle hervor. Hat er seine Lagerstätte verlassen, so reckt er sich und aufgerichtet blickt er in alle vier Himmelsrichtungen. Dann lässt er dreimal den Löwenruf erschallen. Alle Tiere aber, die den Ruf hören, werden von Furcht übermannt. Die in Höhlen hausen, verkriechen sich; die im Wasser wohnen, flüchten sich in die Tiefe; die Waldbewohner suchen das Dickicht auf und die Vögel erheben sich in den Luftraum. Von solcher Macht, ihr Mönche, ist der Löwe, von solch unbändiger Gewalt, von solcher Majestät.

Ebenso geschieht es auch, wenn ein Vollendeter in der Welt erscheint, ein völlig Erwachter, der mit Wissen und rechtem Tun auf gutem Wege geht, ein Weltenkenner, der Lehrer von Göttern und Menschen, der Buddha, der Erhabene, der die Lehre verkündet. Alle Wesen, selbst die Götter, werden von Furcht ergriffen, wenn sie die Verkündigung der Lehre durch den Erhabenen vernehmen. Von solch großer Macht über die Welt, von solch unbegrenzter Gewalt, von solcher Majestät ist der Vollendete, ihr Mönche.

Was immer auch entstanden ist,
muss alles wieder untergehen.

Dass er so zurückkommen würde

Ich hatte nicht erwartet, dass er so zurückkommen würde. Dass er irgendwann einmal kommen würde, zurück in seine Heimat, in sein Mutterland, seine Vaterstadt, das hatte ich immer gehofft. Ja, ich habe sogar darauf gewartet. Er würde wiederkommen, da war ich mir immer sicher.

Aber so? Eine große Gestalt war er immer gewesen, er war hoch gewachsen und mit heller Haut – wie es sich für ein Mitglied der Krieger- und Adelskaste, der Kshatriyas, gehört. Aber er war schlanker geworden, nicht mehr so kräftig wie früher, als er uns alle im Wettkampf besiegte. Er trug nun die gelblich-braune Kutte der Asketen und Wandermönche, die arm, ja armselig durch das Land zogen, in den Armen eine Holzschale für das jeden Morgen erbettelte Essen. Wo waren seine schönen Kleider geblieben, die ihm als Sohn des Raja, des Fürsten dieser Provinz, zustanden? Wo der Schmuck, die Ketten um den Hals, die Armreife und Ringe, die schweren Ohrgehänge, die er bereits seit seiner Kindheit trug und die seine Ohren nach unten in die Länge gezogen hatten, sodass man den Sohn aus reichem Haus erkennen konnte?

Was ich schlimmer noch fand, war sein Kopf: kahl rasiert, ohne jede schmückende Haartracht. Wie hatte er sich damals sein volles, schwarzes Haar pflegen lassen? Jeden Morgen wurde es von der Dienerin mit Duftölen gesalbt, bis es im Licht der aufgehenden Sonne schwarz und zugleich blausilbern schimmerte und glänzte. Gebunden war es in einem langen Haarzopf, der mal auf dem Kopf hochgesteckt, mal lang herabhängend war. Nichts davon war geblieben, alles abgeschnitten, wegrasiert – so radikal, als wolle er damit seine ganze Vergangenheit abtun:

> Was irgend auch entstanden ist,
> muss alles wieder untergehn.

Sein Gesicht war edel wie früher auch. Das war keiner der Gaukler und Scharlatane, die ebenfalls im Gewand des Asketen durch die Lande zogen, aber außer Täuschung und Wortgeklingel nichts zu bieten hatten. Wer ihm ins Gesicht blickte, erkannte gleich: Hier begegnet ein Mensch, der etwas ausstrahlt, der eine ungeheure innere Kraft besitzt und daraus lebt. Er war mir immer überlegen gewesen, aber nie hatte ich Neid und Missgunst ihm gegenüber empfunden. Ich war froh gewesen, wenn ich ihn begleiten konnte, wenn wir miteinander sprachen und diskutierten, zusammen aßen und uns freuten, zusammen ausritten und die Wälder entlang des Flusses durchstreiften. Er war Führer und Wegweiser gewesen.

In diesem Augenblick sah er mich an. Sein Blick war durchdringend und mild zugleich. Ich spürte, wie er mich durchdrang, gleichsam durchsichtig machte, wie er mich ganz und gar annahm mit all dem, was mein Leben ausmachte. Seine tiefdunklen Augen hatten nichts von ihrem Glanz und Feuer verloren, das ich in unserer Jugend schon beobachtet hatte. Es war ein Leben in ihnen, das aus der Tiefe kam. Zugleich aber – und das war anders als früher – drückten seine Augen Wärme und Zuwendung aus. Gewiss, er war auch als Kind und Jugendlicher ruhig und beherrscht gewesen, nur selten gab es Wut und Streit, in ihm hatte ich einen guten Vetter und Freund. Jetzt, als Sechsunddreißigjähriger, aber war er gereift, jetzt strahlte sein Blick eine Menschlichkeit aus, die mich tief beeindruckte.

Ich war sprachlos, und auch er hatte bislang nichts gesagt, mich nur angeschaut.

Dann sagte er nur ein einziges Wort: »Ananda«. Er nannte meinen Namen mit einer Zuneigung, die mich berührte. Er, der jetzt so Große, weithin Bekannte, der Ehrwürdige, er sprach mich an.

Ich verneigte mich vor ihm und nannte nun auch seinen Namen: »Siddhartha«.

Mehr sagten wir beide nicht. Er ging weiter, barfuß, das gelbbraune Gewand über die linke Schulter gerafft, die rechte Schulter frei. Gepäck trug er keins, das war bei den Wandermönchen, die das Mittlere Land Indiens in großer Zahl durchzogen, nicht üblich. Seine Bettelschale wurde wohl von einem der anderen Mönche getragen, die einige Schritte hinter ihm herkamen.

Es waren mehrere Dutzend Männer, die ihm folgten. Wie er waren sie in gelbbraune Gewänder gehüllt, wie er waren sie barfuß, wie er hatten sie keinen Stock oder gar eine andere Waffe, um sich gegen wilde Tiere und Schlangen zu schützen. Ohne jede Gewalt und zugleich ganz arm, auf jeden Besitz verzichtend, gingen sie ihren Weg. Schweigend, nachdenklich, einige in Gedanken versunken, andere aufmerksam die Menschen am Weg betrachtend. Es war eine eigenartige Schar, die sich langsam auf dem Weg bewegte, der zur Stadt führte.

Vor dem Stadttor bogen sie nach rechts ab. Es war schon spät am Tag, bald würde die Sonne untergehen. Für die Wandermönche, die nur am Morgen Gaben erbetteln, war es zu spät, um in der Stadt noch von Haus zu Haus zu gehen und schweigend ihre leeren Schalen den Hausbewohnern hinzuhalten. So zog die Schar mit ihm an der Spitze weiter in den kleinen Nigrodha-Wald, in dem wir als Kinder zusammen mit unseren Freunden Verstecken gespielt hatten. Uralte Banyan-Bäume wuchsen dort. Ihre Stämme, vor allem aber die vielen Luftwurzeln, bildeten ein verwirrendes Dickicht, dazwischen waren von Zweigen und Blättern gebildete Höhlen, schattig und zugleich luftig, angenehm bei der Hitze der Trockenzeit.

Ich folgte dem Zug der Mönche aus der Ferne, sah Siddhartha voranschreiten, er kannte ja den Weg, war wieder einmal Führer und Wegweiser, damals mir und unseren Freunden, heute dieser großen Schar von Mönchen, die ihm schweigend folgten, gelbbraune Farbtupfer zwischen dem tiefdunklen Banyanholz und dem grünen Blattwerk darüber. Eine ganze Weile stand ich noch am Rand des Wäldchens, Erinnerungen kamen mir an die Zeit damals, ein bisschen Wehmut, aber auch eine tiefe Bewegtheit.

Er war zurückgekommen.

Ich wohnte zu dieser Zeit mit meiner Familie in einem Seitenteil des Hauses von Raja Shuddhodana in der Stadt Kapilavastu. Das Haus des gewählten Fürsten der Shakya-Provinz war kein Palast, wie ihn die Könige in Rajagriha oder Shravasti besaßen. Aber es war das größte Haus in der Stadt, anders als die umgebenden Häuser bestand es aus mehreren Stockwerken, dazu kamen Nebengebäude für die Verwandten und die Diener. Das Haus erhob sich über die Stadt, war schon vom Stadttor aus zu erkennen. Es bestand auch nicht aus Lehm, Bambus und Schilf wie die anderen Häuser, sondern war aus festen Ziegeln gebaut, auf einem kleinen Hügel gelegen, so dass es selbst in der Regenzeit nicht überschwemmt wurde. Hinter dem Haus lagen Ställe für die Tiere, für die Pferde des Raja und seiner Verwandten. Dazu gab es einen gepflegten Garten mit hohen, schattigen Bäumen und bunten Blumen und – in seiner Mitte – einen kleinen Teich, aus dessen schlammigem Wasser Lotosblumen hoch aufwuchsen und das Auge erfreuten: rote und weiße Blüten in voller Pracht.

Am nächsten Morgen wurde ich schon früh durch Unruhe im Haus wach. Ich sprang von meinem Lager auf und eilte nach draußen, vor das Eingangstor des Raja-Hauses. Dort wimmelte es von Menschen. Bettelmönche in ihren gelbbraunen Roben waren zu erkennen, die Diener des Raja, Bewohner der Stadt, zwei Wächter mit langen Lanzen, die vom Stadttor herbeigelaufen waren, als sie den Lärm hörten.

Auf der obersten Stufe der Treppe zum Eingang seines Hauses stand Fürst Shuddhodana. Er trug bereits – trotz des frühen Morgens – sein Fürstengewand aus kostbarem Stoff, noch kostbarer bestickt. Seine Füße steckten in goldbestickten Sandalen. Das dunkle Haar hatte er hochgesteckt, ein Band darin eingebunden.

Shuddhodana war eine stolze Gestalt, der gerecht aber bestimmt über sein kleines Fürstentum herrschte. Sein Wort im Rat der Krieger hatte Geltung, was er sagte, geschah ohne Widerrede. Die gleiche Festigkeit und Bestimmtheit im Wesen hatte auch sein Sohn Siddhartha.

Der stand vor ihm, unterhalb der Treppe, tiefer und dennoch nicht zu ihm aufblickend. Stumm hielt er die schwarze Bettelschale hoch – seinem Vater entgegen.

Dessen helle Gesichtshaut wurde tiefrot vor Zorn und Wut. »So kommst du zurück!«, rief er mit kaum beherrschter Stimme.

»So kommst du, als ein Bettler, als einer ohne Haus und Heimat, als einer, der herumzieht und auf Kosten anderer lebt? Du bist Siddhartha, der Sohn eines Fürsten und kein Bettler! Du bist mein Sohn, gehörst zur edlen Sippe der Shakyas und nicht zu den Asketen! Du hast Haus und Frau und Kind und bist nicht zur Hauslosigkeit eines Mönches berufen. Besinne dich auf deine wahre Lebensaufgabe. Lege das schmutzige Mönchsgewand ab und lass dich von den Dienern waschen und salben und mit kostbaren Gewändern bekleiden, wie es sich geziemt! Komm zurück, Siddhartha!«

»Nenn mich nicht länger Siddhartha«, lautete die Antwort seines Sohnes. »Sprich mich nicht länger mit Namen an, nenn mich nicht Sohn, nicht Fürst, nicht adlig. Ich bin der vollkommen Erwachte, der Buddha, ein Vollendeter und Heiliger.«

»Ein Vollendeter mit Bettelschale«, Shuddhodana schäumte vor Wut. »Mach dich nicht lächerlich. Erniedrige dich nicht vor allem Volk. Und vor allem erniedrige nicht mich durch deinen Aufzug hier!«

»Es ist die Art der Buddhas zu allen Zeiten, aus dem Haus auszuziehen in die Hauslosigkeit, von Almosen zu leben, mit der Schale der Bettler zu gehen jeden Morgen. Das ist das, was ich jetzt bin: Nicht mehr dein Sohn, sondern ein vollkommen Erwachter, ein Buddha.«

15

Siddhartha drehte sich um. Sein Gesicht verriet trotz des Streites keine Regung. Anders als sein Vater, der mit verzerrtem Gesicht oben auf der Treppe stand, war das Gesicht des Erwachten gleichmütig, gelassen. Siddhartha schritt langsam aus dem Hof seines Vaters heraus, seine Mönche folgten ihm. Das Gemurmel der Diener und Nachbarn war verstummt.

Schweigend sahen wir ihnen nach.

Ich war wie versteinert von der Szene, die sich vor meinen Augen abgespielt hatte. So also war er zurückgekommen. Nicht länger Siddhartha, der Fürstensohn, sondern als Buddha, als Erwachter. Ich konnte mir diese Veränderung nicht erklären. Ich musste ihn fragen, was geschehen war, was seinen Weg so verändert hatte. Ob ich ihn noch Siddhartha nennen durfte? Oder musste er auch für mich der Buddha sein, der Vollkommene, der Erleuchtete?

Neben mir stand mein Halbbruder und sein Vetter Anuruddha. Er schaute mich an und schüttelte den Kopf. »Hast du das gehört?«, fragte er fassungslos. »Hast du das gesehen? Das war Siddhartha. Und er war es nicht.«

Fürst Shuddhodana Gautama, Siddharthas Vater, begann seine Fassung wiederzufinden. Hinter ihm war seine zweite Ehefrau erschienen, Prajapati. Sie hatte wohl ihre Morgentoilette unterbrochen, war noch nicht fertig geschminkt, das Haar nur flüchtig zusammengesteckt. Prajapati legte ihrem Mann die Hand auf die Schulter, zog ihn sanft ins Haus zurück. Shuddhodana schien um Jahre gealtert zu sein. Er murmelte nur noch: »Nicht mehr mein Sohn, sondern ein Buddha.« Dann verschwand er, die Menge zerstreute sich.

Ich ging mit Anuruddha in mein Haus, wo meine Frau auf mich wartete. Wir setzen uns auf die prallen Kissen, die an der Außenwand des Hauses unter den schmalen Lüftungsfenstern aufgestapelt waren. Wir schwiegen lange.

Anuruddha begann: »Irgendwie war Siddhartha immer schon ein wenig anders als wir. Brettspiele hat er geliebt und Gedankenraten auch. Aber schon wenn es um das Bogenschießen ging, hatte er oft keine Lust. Und als wir den Schwertkampf übten, um zu guten Kämpfern heranzuwachsen und unserer Bestimmung als Krieger gerecht zu werden, hat er sich oft in den Garten zurückgezogen und unter einen Baum am Lotosteich gesetzt. Dort fanden wir ihn später, ganz in Gedanken versunken. Ein richtiger Kshatriya war er nie, so wie andere Mitglieder der Kriegerkaste hat er sich nie verhalten.«

Auch ich erinnerte mich, dass Siddhartha geradezu eine Abscheu hatte vor den manchmal ein wenig rauen Ringkämpfen, mit denen wir unsere Kräfte erprobten. Und dies, obwohl er davor eigentlich keine Angst zu haben brauchte, denn er besiegte uns alle, so groß und kräftig wie er war.

Sein Vater, Shuddhodana, hatte diesen nachdenklichen und friedfertigen Zug seines Sohnes bemerkt und sich wohl Sorgen darum gemacht, ob sein Sohn ihm als Raja folgen könnte. Die Veranlagung, ein Führer und Wegweiser zu sein, hatte er, daran gab es keinen Zweifel. Groß, kräftig, mutig und ausdauernd war er, auch das war gewiss. Dennoch hob er sich damals bereits von den anderen Kshatriya-Jungen ab, die ihr Leben genossen, keiner Rangelei aus dem Weg gingen, Spiele und gutes Essen, Mädchen, Tanz und Musik liebten. Gewiss, Siddhartha war bei allem dabei, aber zugleich war er in seinen Gedanken woanders. Rätselhaft, so fanden sein Vater und seine Stiefmutter Prajapati, so fanden auch wir, seine Vettern, sein Halbbruder Nanda, seine Freunde und Spielkameraden.

Wir machten uns auf den Weg in die Stadt. Vielleicht trafen wir ihn noch bei seinem Bettelgang entlang an den Häusern der Hauptstraße. Vielleicht war Gelegenheit, ihm Fragen zu stellen, wenigstens die wichtigsten der vielen Fragen, die wir an ihn hatten.

Als wir aus dem Hof traten, umgab uns das übliche Durcheinander der kleinen Stadt mit ihren achttausend Einwohnern. Nur die Brahmanen, die Priesterkaste, die Kshatriyas, die Krieger- und Adelskaste, und die Handwerker rund um den Basar lebten innerhalb der Stadtmauern. An wenigen Stellen war dies wirklich eine Mauer, meist nur ein hoher Erdwall, auf dessen Spitze Holzpalisaden einen Wehrwall bildeten. Die Gebäude der Stadttore dagegen waren aus gebrannten Ziegeln gemauert. Schwere Holztore, zusätzlich mit Balken gesichert, wurden nachts geschlossen.

Dem Haus des Raja, des Fürsten, gegenüber lag die offene Ratshalle, Holzsäulen trugen das Dach, Wände gab es nicht. Hier kamen von Zeit zu Zeit die Kshatriyas, der Kriegeradel der Stadt Kapilavastu, zusammen, um unter Vorsitz von Fürst Shuddhodana zu beraten und die Geschicke der Stadt und des kleinen Fürstentums zu beschließen. In dieser Halle wurde auch Gericht gehalten. Schwere Fälle allerdings wurden an König Prasenajit in der Stadt Shravasti weitergegeben. Er hatte die Oberhoheit über die Shakya-Republik mit der Stadt Kapilavastu wie auch über die anderen Fürstentümer und Republiken, die im Mittleren Land nördlich des Ganges wie eine Perlenkette aufgereiht waren.

17

Rund um das Haus des Raja und die Ratshalle waren die Häuser der Kshatriyas, weiter im Osten lag das Stadtviertel der Brahmanen, der Opferpriester, die morgens und abends, vor allem an Festtagen, die alten Riten vollzogen und das Heil der Götter auf die Stadt und ihre Einwohner herabriefen. Die Mitte ihres Wohnbezirkes bildete der Opferplatz mit den Feuerstellen. Hier wurde das heilige Feuer entzündet, hier wurden die alten Verse und Hymnen aus den Veden gesprochen, die magischen Sprüche, die Zauberformeln, die weisen Sätze, die von den Brahmanenjungen über viele Jahre hinweg gelernt werden mussten, bis sie selber den Dienst am Opferfeuer übernehmen konnten. Speisen und Getränke, Blumen und Räucherwerk, manchmal, zu besonderen Gelegenheiten, auch lebende Tiere wurden geopfert und dem Feuer übergeben.

Der Basar war der Teil der Stadt mit dem quirligsten Leben. Hier hatten die Handwerker ihre Gassen, für jeden Beruf eine eigene, Kupferschmiede und Holzschnitzer, Stoffweber und Färber, Goldhändler und Geldwechsler, Kaufleute mit Waren aller Art, Reishändler und Viehzüchter, ein buntes Gewirr von kleinen, verwinkelten Straßen und Läden, in denen wir als Kinder viele Stunden verbracht hatten. Immer wieder entdeckten wir Neues, staunten über die Fertigkeiten der Handwerker, mischten uns in das geschäftige Treiben der Menschen, die von außerhalb in die Stadt gekommen waren, um Handel zu treiben, um zu erwerben und anzubieten.

In Richtung Basar lenkten wir auch jetzt unsere Schritte, denn zwischen den Häusern der Kshatriyas waren Siddhartha und seine Mönche nicht mehr zu entdecken und zu den Brahmanen würden sie nicht gehen. Die Brahmanen hatten etwas gegen diese Wandermönche, die nichts von ihrem Opferfeuer, ihren Opfern und ihren heiligen, althergebrachten Worten hielten, sondern neue Wege zur Erlösung vom Leid suchten. Von den Brahmanen wurden die bettelnden Asketen verspottet – bei ihnen würde Siddhartha, der Buddha, nicht zu finden sein.

Und richtig, mitten im Betrieb des Basars sahen wir die Reihe der Mönche in ihren gelbbraunen Gewändern mit dunklen Holzschalen, die sie den Geschäftsleuten und Handwerkern hinhielten. Und die füllten darin ein, was sie vom Morgen oder vom Vortag als Nahrung übrig hatten: Reis vor allem, ungeschälten, braunen Reis, wie er von der Landbevölkerung, aber auch den Städtern gegessen wird, dazu Chapatis, runde, dünne Brotfladen aus Gerstenmehl, oft mit ein wenig Gemüse, Obst, Nüssen, Kräutern oder Gewürzen gefüllt. Zum Reis gehört in der Regel Dhal, ein Brei aus Hülsenfrüchten, Linsen, Erbsen oder Bohnen, alles sehr scharf mit Zwiebeln, roten Chilis, Peperoni und rotem Pfeffer gewürzt, manchmal auch mit Knoblauch, Gelbwurz oder Ingwer. Hinzu kommen manchmal noch gut verdaulicher Jogurt und Panir, der einfache, fettarme Käse der Region. Als Getränk nahmen die Mönche allein Wasser. Das konnten sie überall schöpfen.

An der Spitze der Mönche erkannten wir ihn. Mit gemessenem, ruhigem Schritt bog er aus einer Gasse auf die Hauptstraße ab, die zum Stadttor hin und aus der Stadt hinaus führte. Er hatte wohl genug für diesen Tag in seiner Bettelschale, genug für die eine Mahlzeit, die sich die meisten Bettelmönche gönnten, und wollte in den kleinen Nigrodha-Wald zurückkehren, wo er am Abend zuvor Unterschlupf gefunden und die Nacht im Freien unter Bäumen verbracht hatte, bevor er frühmorgens zu seinem Bettelgang nach Kapilavastu aufgebrochen war.

Anuruddha und ich gingen an den anderen Mönchen vorbei, drängten uns durch die Menschen in der Gasse und erreichten ihn. Er blieb stehen und sah uns an, ernst und ohne Lächeln, aber ganz uns zugewandt, aufmerksam und wohlwollend.

»Siddhartha«, begann ich stammelnd, »was ist mit dir, du hast dich so verändert?«

»Alles vergeht und verändert sich«, begann er. »Alles hat ein Ende, auch die Kindheit und Jugend, das junge Erwachsensein.

Was irgend auch entstanden ist,
muss alles wieder untergehn.

Grämt euch nicht darum. Denkt lieber nach, was für euer Leben richtig ist. Denn die Erlösung ist gefunden. Ich bin der Erwachte, der Buddha; ich werde euch unterweisen, ich predige euch die Lehre.«

»Du hast deinem Vater Leid zugefügt«, Anuruddhas Stimme klang vorwurfsvoll. »Musstest du ihn so reizen, ihn so gegen dich aufbringen?«

»Alles in der Welt ist Leiden«, war die Antwort. »Doch ein Buddha muss seinen Weg gehen, um den Menschen die Lehre zu bringen, die Lehre vom Leiden und seiner Ursache, von der Aufhebung der Ursache und vom achtfachen Pfad, der das Leiden überwindet.«

»Das musst du uns genauer erklären«, warf ich ein. »So verstehen wir dich nicht.«

»Kommt heute Nachmittag, wenn die Sonne sich bereits senkt und die Hitze des Tages nachlässt, zum Nigrodha-Wald. Ich werde euch die Lehre verkünden, auf dass auch ihr die Vollendung des Erwachten erkennt und selber den Pfad zur Erlösung betretet.«

Er wandte sich ab und ging mit schnellen Schritten davon. Wir aber kehrten in das Haus des Raja zurück.

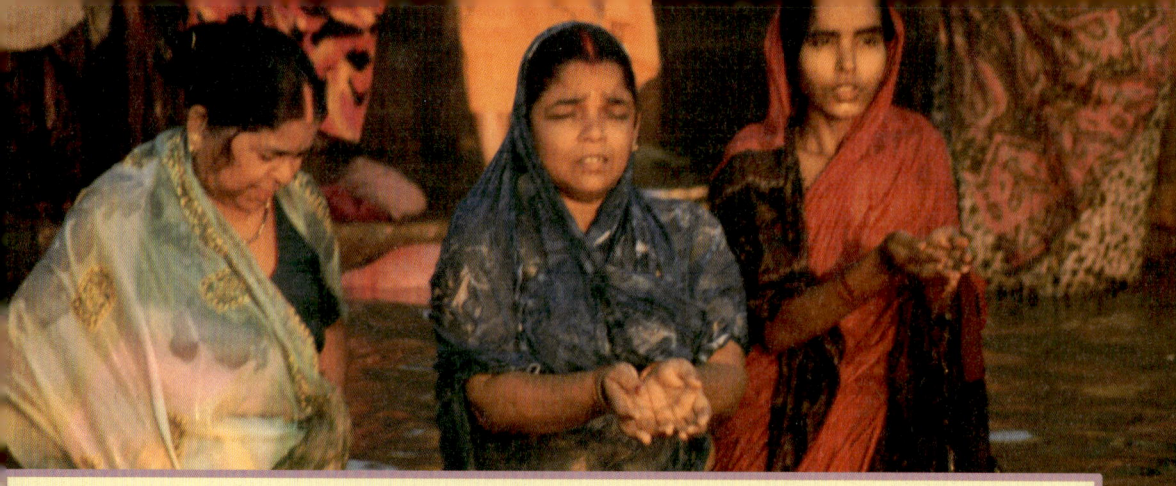

Der Buddha »wurzelt« im vedischen Hinduismus

Der Buddha wurde etwa 500 vor Christus in eine agrarische Gesellschaft hineingeboren, die geprägt war von der vedischen Religion, aus der der heutige Hinduismus entstanden ist. Frömmigkeitsformen wie Gebet, Opfer, Bad im heiligen Fluss Ganges, Asketentum und Meditation waren weit verbreitet.

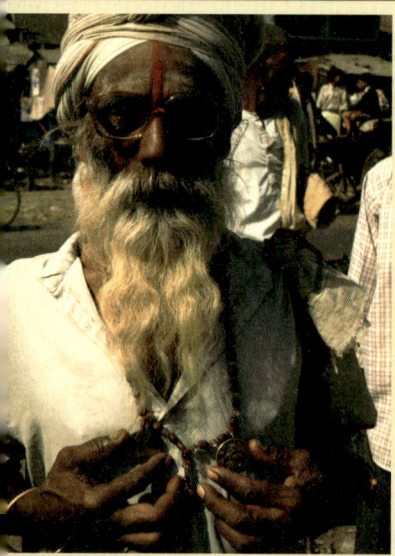

20

Zur Zeit des Buddha gab es die großen hinduistischen Tempelanlagen noch nicht, die heute Indien prägen. Auch war der heute vorherrschende Glaube an die Götter Shiva und Vishnu noch nicht ausgeprägt. Der größte Teil der Bevölkerung, der in kleinen Dörfern lebte, verehrte in kleinen Dorftempeln lokale Gottheiten. Der auf dieser Seite gezeigte Dorftempel aus Kapilavastu, dem Heimatort des Buddha, ist ein gutes Beispiel für diese Religiosität, das die Zeiten überdauert hat.

Zu dieser Verehrung lokaler Götter kamen die Rituale der Brahmanen, der »Priesterkaste«, die aufgrund von heiligen Schriften, den Veden, mit Feuer- und Opferriten vollzogen wurden, um damit die Götter auf die Ebene der Menschen herabzurufen. Diese Riten und die darin gebrauchten Formeln (Mantras) in der heiligen Sprache Sanskrit waren nur den Brahmanen bekannt, so dass diese religiöse Führungsschicht eine hohe Macht über die Menschen erhielt.

Das Mittlere Land

Der Buddha lebte im soge-
nannten »Mittleren Land«
in Nordindien (vgl. Karte auf
Seite 239). Heute liegt dieses
Gebiet in den Bundesstaaten
Bihar und Uttar Pradesh.
Bihar gehört heute zu den
ärmsten Regionen Indiens.
Die Bevölkerung lebt fast
ausschließlich von Land-
wirtschaft, aber die Art und
Weise des Ackerbaus hat
sich in den 2500 Jahren seit
der Zeit des Buddhas wenig
geändert. Angebaut werden
verschiedene Getreidesorten,
auch ein wenig Nassreis,
dazu Gemüse und Obst.
Das Pflügen mit Ochsen
gehört zur Arbeit des Bauern
ebenso wie Hacken und Dre-
schen in Handarbeit. Magere
Rinder und Ziegen ergänzen
das Bild. Nur der Wald, der
früher vorherrschte, ist heute
verschwunden.

Sieh die Welt
mit den Augen eines Erleuchteten.
Höre auf die Wahrheit des Buddha.

Die Wahrheit vom Leiden

Ich konnte kaum erwarten, dass es Nachmittag wurde. Zu bewegend war die Begegnung mit Siddhartha am frühen Morgen gewesen, zu aufregend die Szene zwischen ihm und seinem Vater Shuddhodana, zu nachdenklich hatten mich die Worte meines Vetters und Freundes gemacht, der sich jetzt als ein Buddha, ein vollkommen Erwachter, bezeichnete.

Als die Sonne bereits tiefer stand und die drückende Mittagshitze nachließ, machten mein Halbbruder Anuruddha und ich uns auf den Weg zum Nigrodha-Wald. Wie oft waren wir als Kinder aus dem Stadttor gelaufen und hatten uns in dem Dickicht der Banyan-Bäume versteckt, hatten auf die Stimmen der Vögel gehört, die morgens und abends in der Dämmerung erklangen, hatten von großen Taten geträumt, die wir als Kshatriyas, als Krieger und Edle unserer Sippe der Shakyas, vollbringen würden: Feldzüge gegen die selbstständigen Republiken im Osten, den Sieg über die Räuber, die die Straßen durch den Wald unsicher machten, den mutigen Kampf gegen Tiger, die das Leben der Wanderer bedrohten, und gegen Elefanten, die die Felder zerstampften.

Auf dem Weg zum Wald unterhielten Anuruddha und ich uns über unseren Vetter. Wir konnten es nicht fassen, seine Veränderung nicht begreifen.

»Niemand am Hof des Raja hat damals, vor acht Jahren, verstanden, warum Siddhartha plötzlich das Haus, seine Frau und seinen neugeborenen Sohn Rahula verlassen hat«, Anuruddha schüttelte den Kopf. »Auch mir war sein Verhalten völlig unbegreiflich.«

»Dass immer wieder Menschen aus dem Haus in die Hauslosigkeit ausziehen, aus einem geordneten Leben hinaus in die Armut eines Bettelmönches und Asketen, um die letzte Wahrheit zu finden, das ist schon lange so. Dass es aber der Sohn eines Fürsten tut, dass einer wie Siddhartha, der einmal selber das Fürstentum Shakya und die Stadt Kapilavastu anführen würde, einfach so weggeht ...« All dies überstieg mein Verständnis. Ich würde Siddhartha gleich im Wald viel zu fragen haben.

Am Rand des Nigrodha-Waldes trafen wir auf zwei hoch gewachsene junge Mönche, die mir bereits am Morgen aufgefallen waren, weil sie dicht hinter Siddhartha gegangen waren und mich mit einem ebenso freundlichen wie durchdringenden Blick angesehen hatten, einem Blick, wie ihn Siddhartha selber auf mich gerichtet hatte.

»Möge es euch wohl ergehen!«, grüßte einer der beiden freundlich. »Ihr wollt zum Erhabenen, zum vollkommen Erwachten, zum Kenner der Lehre, zum Heiligen, dem Buddha?« Er hatte ein schmales, hageres Gesicht mit sehr heller Hautfarbe, musste wohl einer hohen Kaste angehört haben, bevor er sich auf die Wanderschaft eines Bettelmönches begab. Sein Gefährte war nur wenig kleiner, aber dunkler, runder im Gesicht, und ebenso von hagerer Statur. Obwohl er sich Kopfhaare und Bart abrasiert hatte, schimmerten die Haarstoppel auf seinem Schädel und seinen Wangen mattschwarz. Beide trugen eine aus mehreren Stofffetzen grob zusammengenähte gelbbraune, fast erdfarbene Robe, die, um den Körper gewickelt, die rechte Schulter frei ließ. Sie gingen barfuß, Sandalen trugen Asketen und Mönche nicht.

»Ich heiße Shariputra«, fuhr der Erste fort. »Ich stamme aus einer Brahmanenfamilie bei der Königsstadt Rajagriha. Aber schon früh bin ich mit meinem Freund Maudgalyayana in die Hauslosigkeit ausgezogen.«

»Ja, wir kennen uns von Kindheit an«, ergänzte Maudgalyayana lachend. »Wir haben uns schon damals geschworen, dass wir immer zusammenbleiben würden, was auch passieren mag. So sind wir miteinander von einem Lehrer zum anderen gezogen, aber nirgends waren wir zufrieden.«

»Bis wir einen Mönch trafen, der ruhiger und würdiger ging als andere«, erzählte Shariputra weiter. »Wir fragten ihn, wer sein Meister sei. Und er antwortete: ›Es ist der Buddha, der Erleuchtete aus dem Shakya-Geschlecht.‹

Da gingen wir mit diesem Mönch und suchten den Buddha auf. Schon bald wurden wir seine Jünger, schon bald folgten wir ihm nach. Er hat unser Leben verändert.«

»Maudgalyayana hat Recht.« Shariputra nickte nachdenklich. »Beim Buddha haben wir die rechte Lehre gefunden, die Lehre von den vier edlen Wahrheiten, die Lehre von der Befreiung aus dem Kreislauf des Vergänglichen und des Leidens. Kommt, hört auch ihr die Worte des Erhabenen.«

Zusammen mit Shariputra und Maudgalyayana drangen wir tiefer in das Dickicht des Banyan-Wäldchens ein. Die Stämme und Luftwurzeln formten zusammen mit den Ästen und Blättern kleine Höhlen. In vielen sahen wir Mönche, die Siddhartha am Morgen gefolgt waren. Einige saßen allein da, die Beine übereinander geschlagen, die Hände wie Schalen ineinander gelegt, den Blick darauf gerichtet. Sie waren in tiefe Meditation versunken, hoben ihre Augen nicht einmal, als wir dicht an ihnen vorbeigingen. Andere wiederum saßen in kleinen Gruppen zusammen und sprachen leise miteinander. Wir konnten nicht verstehen, worüber sie sprachen, doch es war ersichtlich, dass es hier nicht um Allerweltdinge ging, sondern um Fragen, die diese Männer zutiefst bewegten.

Immer wieder gab es in den kleinen Gruppen auch einen, der die anderen mit Worten und mit Gesten belehrte. Es war eine ruhige, andächtige Stimmung in diesem Wald, ganz anders als auf dem Opferplatz der Brahmanen, wo Rufen und Schreien, das Rezitieren der Hymnen, Getrommel, das Blöken und Muhen der Opfertiere jede Sammlung verhinderten. Ich fühlte mich hier auf Anhieb wohl. Und ich spürte, dass es meinem Freund Anuruddha genauso ging.

Nach einer Weile gab es keine Meditierenden und keine Gruppen von Mönchen mehr, nur noch die Stille des Waldes. Und dann, abseits von allen anderen, fernab auch der leisen Gespräche der Mönche, die schon nicht mehr zu hören waren, sahen wir ihn: Siddhartha.

Er saß ebenso wie die Meditierenden, die wir am Eingang des Waldes gesehen hatten, im Lotos-Sitz, die Beine überkreuzt, die Fußsohlen nach oben weisend, das Rückgrat schnurgerade. Sein Blick war nicht auf seine ineinander gelegten Hände gerichtet, wie wir es bei den anderen gesehen hatten, sondern ging in die Weite, blieb nicht an den Bäumen des Waldes hängen, sondern schien weiter zu gehen, in eine uns unerreichbare Ferne. Nach einem kurzen Augenblick wandte er sich uns zu und lächelte.

Wie es dem Brauch entsprach, wenn man einem Guru, einem Lehrer und Meister, begegnet, verneigten wir uns stumm vor ihm und setzten uns seitwärts von ihm auf den Boden. Shariputra und Maudgalyayana nahmen neben uns Platz. Wir warteten, bis er das Wort ergriff. All die Fragen, die wir ihm stellen wollten, schienen uns jetzt bedeutungslos. Siddhartha, der jetzt Buddha genannt wurde, strömte eine Kraft aus, die uns ergriff, die uns verstummen ließ.

Es dauerte eine ganze Weile, bis er begann: »Gruß euch und Wohlergehen, ihr Edlen des Shakya-Geschlechtes. Mögen eure Wege gelingen.«

»Gruß auch dir, Wohlsein, Stärke und Gesundheit, Frische und Munterkeit!«, gaben wir höflich zurück. So hätten wir auch König Prasenajit von Kosala gegenüber gesprochen. So nämlich war es Brauch bei den Edlen im Mittleren Land.

Siddhartha lächelte wiederum. Ich blickte ihn an, dann wagte ich zu fragen: »Siddhartha, mein Freund, mein Vetter, was ist mit dir? Was hat dich so verändert?«

Lächelnd, aber bestimmt gab er mir die gleiche Antwort, die er am Morgen seinem Vater gegeben hatte: »Nenn mich nicht länger Siddhartha, nenn mich nicht länger Freund, nenn mich nicht länger Vetter. Denn ich bin ein vollkommen Erwachter, ein Buddha, ein Vollendeter und Heiliger.«

Mir lief es kalt den Rücken herunter. Nicht mehr Freund und Familienangehöriger, sondern ein Buddha. Wie aus einer anderen Welt schienen seine Worte zu kommen, wie aus einer jenseitigen, überirdischen Welt. Nicht länger Siddhartha, einer von uns, sondern ein Buddha.

Jetzt versuchte es Anuruddha neben mir: »Was also, Erhabener, ist deine Lehre. Wir würden gern mehr davon erfahren, vom Leiden und der Leidensüberwindung.«

Siddhartha, der Buddha, nickte und lächelte wieder. »Es ist gut, dass ihr diese Frage stellt«, begann er. »Denn das ist die entscheidende Frage des Lebens. Nicht über Unnützes lasst uns reden, nicht über Könige und Räuber, über Soldaten und Fürsten, nicht über Krieg und Kampf; nicht über Speise und Trank, nicht über Kleidung und Bett; nicht über Verwandte und Frauen, nicht über Dörfer und Städte, nicht über Straßen und Märkte, nicht über das, was früher geschehen ist, nicht über das, was sich morgen verändern wird. Nein, nicht über Unnützes lasst uns reden, sondern über Nutzvolles.«

»Was aber ist das Nutzvolle, was hilft uns weiter?«

»Hört, Ananda und Anuruddha, das, was ich erkannt habe. Das ist es, was wichtig ist:

Was irgend auch entstanden ist,
muss alles wieder untergehen.
Was irgend auch vergänglich ist,
behaftet ist mit Leiden,
das führt zu neuem Leiden.
So ist es mal in unsrer Welt.«

Alles ist vergänglich? Dem konnte ich noch zustimmen. Aber: Alles führt zu neuem Leid?

Während ich noch überlegte, fuhr der Buddha fort: »Hört die erste der vier edlen Wahrheiten, hört die edle Wahrheit vom Leiden:

Geburt ist leidhaft,
Alter ist leidhaft,
Krankheit ist leidhaft,
Tod ist leidhaft;
Trauer, Jammer, Schmerz,
Gram und Verzweiflung sind leidhaft;
mit Unliebem vereint,
von Liebem getrennt sein ist leidhaft;
Begehrtes nicht erlangen ist leidhaft.
Alles auf der Welt ist leidhaft!«

Anuruddha schluckte, dann begann er langsam zu sprechen: »Krankheit und Tod, Schmerz und Verzweiflung sind leidhaft, das ist mir einsichtig, Erhabener. Aber nicht alles auf der Welt ist Leiden – das stimmt nicht. Sieh nur, wenn ich am Abend in meinem Haus ein Fest feiere und mit meinen Freunden zusammen bin, wenn beste Speisen aufgetragen und köstliche Getränke herbeigebracht werden, wenn Musik erklingt und junge Tänzerinnen in durchsichtigem Gewand vor uns ihre Körper bewegen, wenn ich anschließend mit meiner Frau auf dem Lager zusammen bin, ja selbst wenn ich am anderen Morgen das Licht der aufgehenden Sonne bestaune und sie dankbar grüßend meine Arme nach ihr ausstrecke – dann ist das alles doch kein Leid, sondern vielmehr höchstes Glück, höchste Freude, höchster Genuss.«

»Du hast Recht, Anuruddha, in den Augen der Unwissenden, die überall leben. Du hast nicht Recht, Anuruddha, in den Augen eines Buddha, eines Erleuchteten. Ich sehe es anders: Dein Fest, deine Freunde, deine Speisen und Getränke, deine Musik und deine Tänzerinnen, deine Frau, ja selbst die aufgehende Sonne – alles ist vergänglich. Was immer auch entstanden ist, muss alles wieder untergehen. Das wissen wir, auch wenn wir es oft nicht wahrhaben wollen, und deshalb betrifft uns Leiden, deshalb wird uns irgendwann alles zum Leiden.«

»Erkläre uns das noch genauer«, bat ich.

»Ich will es mit einem Bildwort verdeutlichen«, sagte der Buddha. »Erinnert euch an die Jugend, die wir gemeinsam verbrachten. Was war uns jungen Männern damals höchster Genuss? Vielleicht das: Wenn ein schönes Mädchen, ob Fürstentochter oder Bürgermädchen, für uns da war, in der Blüte des fünfzehnten oder sechzehnten Jahres, nicht zu groß und nicht zu klein, nicht zu schlank und nicht zu voll, nicht zu dunkel und nicht zu hell, mit vollem, welligem Haar und glatter, samtener Haut:

Erschien uns eine solche schimmernde Schönheit nicht als das höchste Glück? Erschienen uns ihre Anmut und ihr Tanz nicht als die höchste Freude? Erschien uns ihre Hingabe auf unserem Lager nicht als der höchste Genuss, Ananda und Anuruddha?«

»So war es, Erhabener, und so geht es mir nach wie vor«, Anuruddha nickte.

»Das also ist das Glück, die Freude, der Genuss des Körperlichen. Doch was ist das Elend, das Leid, der Verfall des Körperlichen? Da sehe ich dieses Mädchen zu einer anderen Zeit, im achtzigsten oder neunzigsten oder hundertsten Lebensjahr, gebrochen, geknickt, abgezehrt, auf Krücken gestützt, schlotternd dahinschleichend, sich, welk, zahnlos, mit gebleichtem, strähnigem Haar, kahlem, wackelndem Kopf, verrunzelt, die Haut voller Flecken: Was meint ihr wohl, ist nicht aus der Schönheit Verfall geworden, aus der Freude Leid, aus dem Genuss Elend?«

»Freilich, Erhabener, so ist es.«

»Das aber ist das Elend des Körperlichen. Und so geht es weiter. Ich sehe diese Frau leidend, schwerkrank, beschmutzt und hilflos, dann ihren Leib auf der Leichenstätte, blauschwarz gefärbt, in Fäulnis übergegangen. Ist nicht, was einst schimmernde Schönheit war, verschwunden und Elend sichtbar geworden?«

»Wahrhaft, so ist es.« Anuruddha nickte wiederum.

»Was mit diesem Mädchen so geschieht, geschieht mit allem, was geworden ist. Alles, was entstanden ist, wird wieder untergehen. Aufgerieben wird diese Welt, verweslich ist sie. Hilflos ist diese Welt, ohnmächtig ist sie. Das ist die erste edle Wahrheit: Alles ist Leiden, alles ohne Ausnahme.«

Anuruddha und ich schauten uns betroffen an. Recht hatte er, der Erhabene, auch wenn wir dies bisher nicht wahrhaben wollten. Alles ist Leiden auf dieser Welt. Selbst Glück bewirkt neues Leiden, dann nämlich wenn es zu Ende geht. Ich nickte und erinnerte mich, wie meine Freundschaft mit Arada vor einem Jahr plötzlich zu Ende ging. Wo ich mich früher freute, ihn auf der Straße zu treffen, da bereitet mir sein Anblick nun Ärger, Zorn und Wut. Der Buddha hatte Recht: Freundschaft ist vergänglich – und wenn sie endet, schafft sie Enttäuschung und Verbitterung, bewirkt Leiden.

»Mehr noch«, begann der Buddha erneut, »die Welt hängt so sehr am Dasein, an den flüchtigen Freuden, sie findet Gefallen am Dasein, das vergänglich ist. Woran man aber Gefallen gefunden hat, daran hängt man, daran bindet man sein Herz. Und dann kommt die Furcht, dass man es verlieren kann. Wenn man sich aber fürchtet, entsteht neues Leiden.

Durch Wünschen und Begehren, durch Anhaften an das Vergängliche entsteht immer neuer Kummer. Erkennt ihr dies, Ananda und Anuruddha? Erkennt ihr die Wahrheit vom Leiden?«

»Wir erkennen sie, Erleuchteter. Wenn es aber eine erste edle Wahrheit gibt, dann gibt es auch eine zweite und vielleicht eine dritte und vierte. Was also ist die zweite edle Wahrheit?«

»Nicht heute, Anuruddha, will ich euch weiter die Lehre vortragen. Kommt morgen wieder. Doch was ihr heute erfahren habt, das bedenkt, das nehmt auf. Haltet euch an diese Lehre, dann seid ihr auf dem richtigen Weg.«

»Ich will mich an deine Lehre halten«, Anuruddha verneigte sich vor dem Buddha: »Nimm mich als deinen Schüler an. Nimm mich in deine Mönchsgemeinschaft auf.«

Ich war fassungslos: Wollte jetzt auch Anuruddha Mönch werden und dem Buddha folgen?

»Willst du dies wirklich, Anuruddha, so sprich die folgenden Worte«, mischte sich Shariputra ein.

»Bekenne:

Ich nehme meine Zuflucht zum Buddha.
Ich nehme meine Zuflucht zur Lehre.
Ich nehme meine Zuflucht zur Gemeinschaft.«

Und Anuruddha wiederholte die Sätze des Mönches: »Ja, ich will ein Schüler des Buddha werden. Ich will aus meinem Haus in die Hauslosigkeit ausziehen. Ich will alles zurücklassen, um dem Buddha zu folgen.

Ich bekenne:

Ich nehme meine Zuflucht zum Buddha.
Ich nehme meine Zuflucht zur Lehre.
Ich nehme meine Zuflucht zur Gemeinschaft.

Nimm mich, Erhabener, an.«

Schweigend gewährte der Buddha die Bitte des Anuruddha. Ich aber war wie vom Donner gerührt. Eben noch hatten wir uns darüber gewundert, dass Siddhartha, ein Kshatriya, damals alles zurückgelassen hatte und weggezogen war, und jetzt tat mein Halbbruder und Freund Anuruddha genau das Gleiche. Wie dachte er sich das? Was sollte aus seiner Familie werden, aus seiner Frau und seinen beiden Kindern? Gewiss, am Fürstenhof wurden sie mit allem Nötigen versorgt, am Hof des Raja ging es keinem schlecht und im ganzen Land brauchte keiner Hunger zu leiden. Doch: Was wurde aus seiner Familie, wenn der Mann und Vater wegging und sich den Bettelmönchen anschloss? Ich kannte meinen Vetter nicht mehr wieder. Von einem Augenblick zum anderen veränderte er sein Leben völlig. Weil er auf den Buddha getroffen war.

»Hört, ihr Mönche, höre Ananda.« Der Buddha setzte erneut an. »Es ist gut, auf die Lehre zu hören und ihr zu folgen. Es ist gut, sich an den Buddha zu halten und ihn als Wegweiser zu sehen. Es ist gut, zur Gemeinschaft der Mönche zu gehören und mit ihnen zu ziehen. Denn mit der Lehre des Erhabenen ist es wie in folgendem Gleichnis:

Ob die Menschen die Lehre des Buddha erkennen oder ob sie sie nicht erkennen, ist wie wenn da ein Blindgeborener und ein Sehender wären.

Da wäre ein Blindgeborener, der sähe keine schwarzen und keine weißen Gegenstände, keine blauen und keine gelben, keine roten und keine grünen; er sähe nicht, was gleich und was ungleich ist; er sähe keine Sterne und nicht Mond und nicht Sonne. Und er hörte das Wort eines Mannes: ›Schön ist dieses weiße Kleid, fein, sauber und ohne Flecken!‹ Und der Blindgeborene wollte dieses Kleid auch haben. Aber es täuschte ihn dieser Mann und gäbe ihm ein ölrußgeschwärztes Hemd, zerrissen und geflickt: ›Da hast du ein weißes Kleid, fein, sauber und ohne Flecken.‹ Würde nicht der Blindgeborene dieses Kleid annehmen, weil er dem Sehenden glaubt, Ananda?«

»Ja, ja, so ist es«, bestätigte ich schnell.

»Ebenso ist es mit den Menschen, die den vielen Lehrern der Welt folgen, die ihren Begierden und Wünschen anhaften, die sich an die Dinge binden, die Leiden verursachen. Sie sind Blindgeborene in einem ölrußgeschwärzten Hemd, zerrissen und geflickt.«

Wortlos sah ich ihn an.

»Ein Sehender aber, Ananda, nähme nicht das ölrußgeschwärzte Hemd, zerrissen und geflickt. Ein Sehender wählte das weiße Kleid, fein, sauber und ohne Flecken und kleidete sich darin. Sei nicht länger ein Blindgeborener, sei ein Sehender! Sieh die Welt mit den Augen eines Erleuchteten. Folge nicht irgendwelchen Lehren, folge meiner Wahrheit und Lehre. Darüber denke nach bis morgen, dann komm und höre mehr von dem, was ich erkannt habe. Höre auf die Wahrheit des Buddha!«

Ich stand auf, ein wenig schwankend von dem, was ich gehört hatte. Anuruddha blieb bei Shariputra und Maudgalyayana sitzen. Er hatte seinen Weg gewählt. Er wollte im Gefolge des Buddha ein Sehender werden, seine Zeit als Blinder war überwunden.

Ich ging langsam zurück zur Stadt, nachdenklich und tief betroffen: Wie war das mit mir? Ich hatte mein Leben bislang an die vergänglichen Dinge gebunden. So war ich verstrickt in den Kreislauf des Leidens, sagte der Buddha. War ich wirklich bislang wie ein Blindgeborener?

Kapilavastu – Heimat des Buddha

Die Archäologen sind sich nicht einig, welche Ausgrabungsstätte als der Heimatort des Buddha, als *Kapilavastu*, anzusehen ist. In Indien propagiert man eine Stätte mit dem heutigen Namen Piprahva; mehr aber spricht für einen nur wenige Kilometer davon entfernten Ort schon auf nepalesischem Boden, Tilaurakot. Das obere Bild zeigt dort das Osttor, durch das der Buddha in die Hauslosigkeit aufbrach, das untere das Westtor.

Kapilavastu in Nepal

Die Bauten des kleinen Ortes Tilaurakot/Kapilavastu waren aus Holz, allein der »Palast« des Fürsten Shuddhodana Gautama, des Vaters von Siddhartha, hatte ein Steinfundament (oben). In der mit einem Erdwall und Holzpalisaden umgebenen Ortschaft wurde zur Erinnerung an den Buddha ein Stupa (Aufbewahrungsort für Reliquien) errichtet, dessen Fundament erhalten ist.

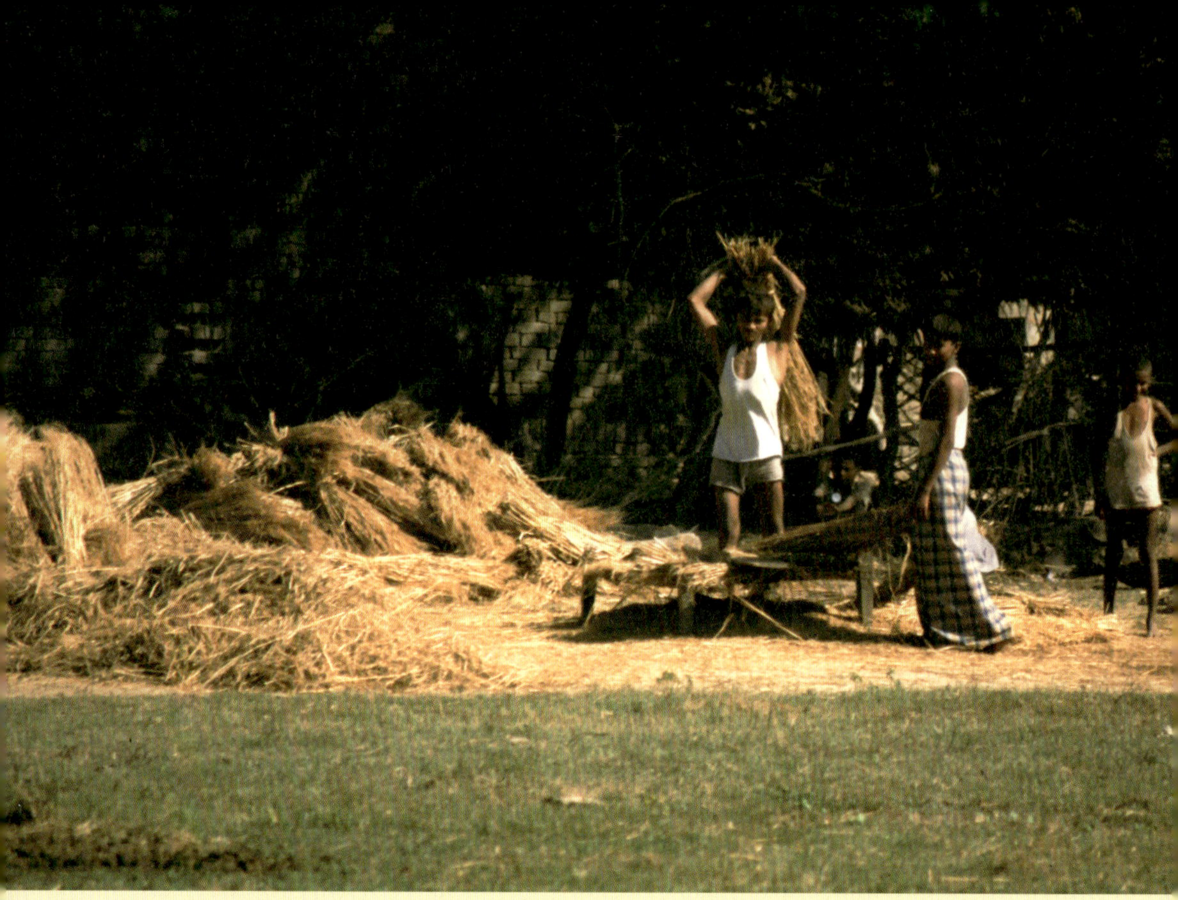
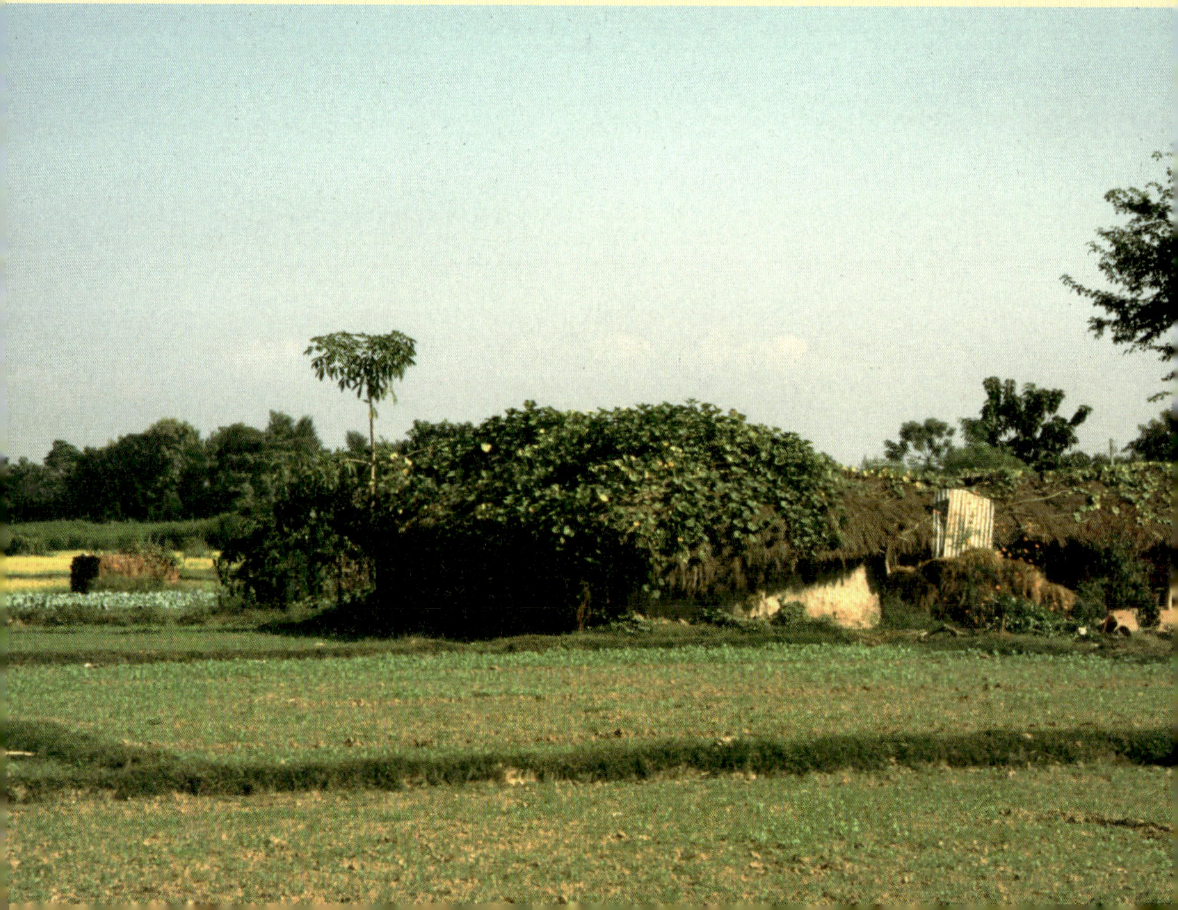

Das indische Kapilavastu

Von der Ortschaft, die auf indischem Boden als Piprahva/Kapilavastu bezeichnet wird, sind heute nur die Überreste eines großen Stupa (Piprahva-Stupa) und eines Klosters (Ostkloster) erhalten. Deutlich sind im Klosterhof die Zellen der Mönche zu erkennen. Andere Hinweise auf einen früher an dieser Stelle existierenden Ort gibt es nicht.

Da Piprahva in einer weiten Ebene ohne fließendes Wasser liegt, das nepalesische Tilaurakot aber an einem Fluss liegt, spricht mehr für Tilaurakot als Heimat des Buddha. Piprahva muss aber schon früh eine bedeutende buddhistische Stätte gewesen sein, sonst gäbe es hier nicht einen so gewaltigen Stupa.

Es ist wirklich so:
Er ist ein Mahapurusha,
ein großer Mensch.
Er wird ein Wegweiser all denen, die suchen,
ein Licht, das den Menschen Erleuchtung bringt.

Siddharthas Aufbruch

Fast die ganze Nacht lag ich wach. Die Szenen des vergangenen Tages standen mir vor Augen und ich hörte erneut die Worte des Buddha: »Sei nicht länger ein Blindgeborener, sei ein Sehender. Folge der Lehre!« Ich sah ihn unter dem Banyan-Baum sitzen, in sein armseliges, gelbbraunes Gewand gehüllt, den Kopf geschoren, doch mit Würde und Ausstrahlung: ein Edler, ein Lehrer, ein Erleuchteter.

Ich dachte an Anuruddha, an seine Frau und seine Kinder. Gleich nachdem ich in das Haus des Raja zurückgekehrt war, lief ich zusammen mit meiner Frau zu ihr und berichtete ihr von dem Entschluss ihres Mannes. Sie wurde bleich, versteinerte, sagte kein Wort. Als wir sie in den Arm nehmen und trösten wollten, wandte sie sich ab und verschwand in ihrem Gemach. Hilflos und sprachlos verließen wir sie.

Was nur, ging es mir immer wieder durch den Kopf, ist aus dem verwöhnten Sohn des Raja, aus Siddhartha geworden? Wie hat er sich verändert? Und welche Kraft hat er, andere zu verändern? Anuruddha, mein Halbbruder, hatte früher nie davon gesprochen, in die Hauslosigkeit zu ziehen, Frau und Kinder zurückzulassen und Mönch zu werden. Gewiss, auch er hatte manchmal den Asketen und Weisen zugehört, die im Wald vor der Stadt über die Erlösung sprachen, aber das taten wir doch alle. Es war uns ein guter Zeitvertreib, vor das Stadttor zu gehen, den Worten der Asketen und Weisen zu lauschen, auch über manche Scharlatane zu spotten, die sich dort herumtrieben. Aber ernsthaft hatte uns dies nicht berührt, mich nicht und Anuruddha ebenso wenig.

Doch die Begegnung mit Siddhartha, dem Buddha, war anders. Selbst wenn ich Anuruddhas Entscheidung nicht begreifen konnte, ich muss zugeben, dass Siddhartha auch mich in Unruhe versetzt hatte. Die ganze Nacht lag ich wach und grübelte. Was hatte er in mir angerührt?

Der Vormittag verging schnell. Ich musste im Auftrag Fürst Shuddhodanas den Bau eines Getreidespeichers beaufsichtigen, der nördlich der Stadtmauer am Ufer des Teiches errichtet werden sollte. Die Arbeiter wussten, was zu tun war, wie sie die Holzpfosten in die Erde zu verankern und den Boden zu stampfen hatten. Ich brauchte ihnen nicht viel zu sagen, saß stattdessen am Ufer des Teichs und schaute auf die Seerosen, die aus ihm hervorwuchsen und die sich mit der zunehmenden Wärme der Sonne entfalteten und dem Licht entgegenfunkelten.

Das Stampfen und Hämmern der Arbeiter hörte ich bald nicht mehr. Ich sah die Lotosblüten und das Licht, das sich in ihnen sammelte. Eine tiefe Ruhe ergriff mich, zugleich eine Sehnsucht nach etwas, das ich mir nicht erklären konnte. So saß ich bis zum frühen Nachmittag, die Arbeiter hatten sich längst aus der Hitze zurückgezogen.

Ich brach auf und ging um die Stadtmauer herum durch die Viertel der Brennholzsammler und der Blumenbinder. Sie hausten in armseligen Hütten, die vor der Stadt lagen. Morgens in aller Frühe zogen sie mit Brennholzbündeln und Blumengirlanden durch das nördliche Stadttor, um Brahmanen und Kshatriyas ihre Waren anzubieten. Jetzt saßen viele im Eingang ihrer Hütten und dösten vor sich hin. Kinder plärrten, irgendwo schimpfte eine raue Stimme – alles war, wie es immer war.

Und doch sah ich diese Leute mit anderen Augen: Für sie gab es keinen Ausweg aus ihrem Leben. Sie würden immer arm sein, nur wenig zu essen haben, in Dreck und Elend leben, für das Wenige, das sie hatten, schwer schuften müssen. Krankheit und Hunger blieben ihnen ständige Bedrohung, Tod und Wiedergeburt zu neuem leidvollem Leben ihr Schicksal. Die Worte des Buddha vom Leiden fielen mir ein.

Ich erreichte das Osttor der Stadt. Die Tore standen weit offen, die beiden Wächter hatten sich in den Schatten zurückgezogen und dösten. In der Hitze des Nachmittags war hier wenig zu tun. Ich schaute auf das große Tor, die Befestigungen aus Ziegelsteinen rechts und links von ihm, auf die Palisaden, die den Erdwall der Stadtmauer krönten. Durch dieses Tor war Siddhartha vor mehr als sieben Jahren aus der Stadt gezogen: vom Haus in die Hauslosigkeit. Ich erinnerte mich gut an die Aufregung, die damals in der Fürstenfamilie und in der ganzen Stadt herrschte: Der Sohn des Fürsten, ein stattlicher Mann mit Frau und Kind, dessen Stimme im Rat der Krieger schon etwas galt, dessen Rat man schätzte, dem eine große Zukunft offen stand, vielleicht sogar als Fürst seines Stammes – der verließ alles!

Bereits an den ersten dunklen Bäumen des Banyanwäldchens traf ich auf Anuruddha. Es war, als hätte er auf mich gewartet. Er trug nicht mehr sein kostbares Gewand eines Mitglieds der Fürstenfamilie, sondern hatte sich ein dreckiges, grob gewebtes Tuch umgelegt, die rechte Schulter frei, so wie es bei den Mönchen Sitte war. Hinter ihm standen Shariputra und Maudgalyayana. Mir schien, als hätten sie auf mich gewartet.

»Anuruddha«, begann ich, »Bruder, wie konntest du das tun? Was soll nun werden? Willst du wirklich deine Frau verlassen und Mönch werden?«

»Ich habe mich entschieden«, gab er mir zur Antwort, »ich nehme meine Zuflucht zum Buddha, zur Lehre und zur Gemeinschaft der Mönche. Es ist, als wäre ich ein neuer Mensch geworden.«

Schweigend setzten wir uns unter einen Baum. Eine ganze Zeit lang war es still. Ich wusste nicht, was ich sagen sollte. Wieder ergriff mich diese Unruhe, die ich am Seerosenteich gespürt hatte. Ist wirklich alles vergänglich und nur Leiden? Liegt darin der Weg, die Welt zurück-zulassen, an nichts mehr sein Herz zu hängen und so nicht mehr zu leiden? Tausend Gedanken durchbrausten meinen Kopf, es war wie ein Wirbelsturm, der aufwühlt und hochreißt, durcheinander bringt und nichts unversehrt zurücklässt.

»Auch du bist ein Vetter des Erhabenen?«, hörte ich die ruhige Stimme Shariputras.

»Ja, das ist so«, gab ich zur Antwort. »Wir sind ungefähr gleich alt, sind zusammen groß geworden. Anuruddha, mein jüngerer Halbbruder, war erst später dabei.«

»Dann weißt du viel über den Erleuchteten. Wir sind erst einige Mona-te mit ihm zusammen, eine Regenzeit und noch etwas mehr. Er hat uns seine Lehre geschenkt, war Wegweiser uns und Lehrer. Ihm verdanken wir alles, was wir jetzt sind. Er ist der Erhabene.«

»Ich habe ihn lange nicht gesehen, mehr als sieben Jahre nicht.« Wieder dachte ich an die turbulente Szene, als er aus dem Osttor schritt. Seine Eltern liefen aufgebracht hinter ihm her, sein Vater Shuddhodana erregt, griff Siddharthas Arm und versuchte ihn zurückzuhalten, seine Stief-mutter Prajapati klagend und weinend: ›Du bist mir wie mein eigener Sohn. Ich habe dich aufgenommen, als deine Mutter Maya starb, ich habe dir Milch gegeben und dich stark gemacht, ich habe dich behütet und beschützt. Siddhartha, verlass uns nicht.‹ Schlimmer noch war das Weinen und Klagen Yashodharas, Siddharthas Frau. Sie hielt Rahula hoch, den Neugeborenen, den Erstgeborenen: ›Sieh, dein Kind‹, schrie sie ihrem Mann nach. ›Soll er Waise werden? Und ich Witwe?‹ Doch alles Jammern und Klagen war umsonst. Siddhartha schritt weit aus, ließ das Stadttor hinter sich und wandte sich gegen Osten, wo wir ihn in der Weite der Felder bald aus den Augen verloren.

Wieder begann Shariputra: »Wie war das damals mit dem Erleuchteten, Ananda? Du kennst ihn doch schon so lange. Erzähle uns doch von eurer Kindheit und Jugend. Wie ist der Erleuchtete groß geworden? Was ist damals geschehen? Was hat ihn bewogen aufzubrechen?«

Einen Augenblick lang saß ich, ohne etwas zu sagen. Doch ich wusste: Wenn einer etwas über die Jugend und Kindheit des Siddhartha wusste, dann ich. Wir hatten zusammen gespielt und unsere Entdeckungen in und vor der Stadt gemacht. Wir wurden zusammen ausgebildet. Nur kurz nacheinander hatten wir geheiratet und Kinder bekommen – er seinen Sohn Rahula, ich meine beiden Söhne. Über alles hatten wir geredet. Ja, ich kannte ihn wirklich gut. So begann ich:

»Von seiner Geburt weiß ich nur, was mir unser Vater Amitodhana erzählt hat und was dem Shuddhodanas zweite Frau Prajapati hinzugefügt hat. Ich will versuchen, es euch wiederzugeben.

Maya, Shuddhodanas erste Frau, war bereits vierzig Jahre alt, als sie endlich schwanger wurde. Lange hatten Shuddhodana und sie auf ihr Kind gewartet, auf den Erstgeborenen, auf den Erben. Sie freuten sich unbändig auf ihr Kind, waren sicher, dass es ein Junge werden würde. Shuddhodana war überaus zärtlich zu seiner Frau, behütete sie, wo er nur konnte, gab den Dienerinnen Anweisungen, die weichsten Kissen und Decken zu richten, den Köchen, das beste Essen zuzubereiten, sorgte für Ruhe, wenn Maya schlafen wollte, und für die schönste Musik der Vinas und Tamburas, wenn sie wachte. An alles dachte er, um seiner geliebten Frau Erleichterung zu verschaffen.

Dennoch, Maya wollte ihren Sohn nicht im fürstlichen Haus zur Welt bringen, sondern in ihrer Heimat, bei ihrer Mutter. Diese sollte ihr bei der Geburt helfen, so war es seit jeher Brauch in ihrer Familie und so sollte es auch weiterhin sein. Überdies hatte Asita, der alte Seher, geweissagt, dass das Kind nicht im Haus des Fürsten zur Welt kommen sollte. Und ihm vertraute das Geschlecht der Shakiyas schon seit vielen Jahrzehnten.

Gegen den Rat ihres Mannes machte sich Maya deshalb auf den Weg zu ihren Eltern, die in der Ortschaft Devadaha wohnten, eine Tagesreise weit mit dem Ochsenkarren. Shuddhodana blieb in Kapilavastu. Es war Erntezeit und er, dessen Name ›der reinen Reis züchtet‹ bedeutet, hatte in diesen Tagen die Zeremonie der ersten Reisernte durchzuführen – das war seine Aufgabe.

Maya lag auf dem mit einem Baldachin aus Schilfgeflecht überdachten Wagen, der frühmorgens ächzend aus dem östlichen Stadttor fuhr und von zwei weißen Ochsen gezogen wurde. Nur der Ochsentreiber, Dienerinnen und eine Wache von zwei Soldaten begleiteten die Frau des Fürsten. Shuddhodana schaute ihnen vom Stadtwall nach, bis das gleißende Licht der Morgensonne sie verschluckte. Neunundzwanzig Jahre später würde er vom gleichen Stadttor aus seinem Sohn nachsehen, der ebenso in das Licht der aufgehenden Sonne hineinschritt und schließlich von ihm aufgenommen wurde.

Der Weg war staubig, die Hitze nahm im Laufe des Tages zu, unerbittlich brannte die Sonne auf den Wagen und die sechs herab. Stunde um Stunde verging. Eine Dienerin fächelte Maya kühle Luft zu, die andere reichte ihr immer wieder aus dem Ziegenlederschlauch zu trinken. Maya stöhnte. Sie spürte, wie sich das Kind in ihr regte. Das Gerumpel und die schwankenden Bewegungen des Ochsenkarrens, die Hitze, der Staub, all das war zu viel. An einem kleinen Wäldchen in der Nähe des Ortes Lumbini hieß Maya den Ochsentreiber anhalten. Mühsam und nur mit Hilfe der Dienerinnen stieg Maya vom Wagen herab und ging einige Schritte in den Wald hinein.

Die Salabäume ragten hoch auf und spendeten Schatten. Hier im Wald war es eher auszuhalten als auf dem Weg. Maya stöhnte erneut auf: ›Es ist so weit!‹ Sie hielt sich mit beiden Armen am starken Ast eines Salabaums fest, spürte die Wehen, presste und drückte selber, wollte im Stehen ihr Kind zur Welt bringen, wie es Brauch war. ›Helft mir! Haltet mich!‹ Und dann war Wimmern zu hören, ein Schrei schließlich und der freudige Ruf der Dienerin: ›Es ist ein Sohn! Du hast einen Sohn! Freu dich, dein Sohn ist da!‹

Erschöpft sank Maya unter dem Salabaum zusammen. Die Dienerinnen legten ihr das Kind in die Arme, klein und rot, das Gesicht runzlig, die Augen zusammengekniffen, nur noch wenig wimmernd und schließlich verstummend, als es die Brust der Mutter spürte.

Noch am gleichen Tag fuhren sie zurück nach Kapilavastu. Maya lag völlig erschöpft, ja fiebernd auf dem Wagen, verlor immer wieder das Bewusstsein. Mit einer Gerte aus Bambus trieb der Kutscher seine Tiere an, so schnell wie möglich wollte er seine Herrin zurück in den sicheren Palast bringen. Eine Dienerin hielt das Kind, die zweite tupfte mit einem feuchten Tuch über sein Gesicht, strich damit auch über Mayas Lippen. Die Zeit verging, die Sonne sank tiefer, die Schatten wurden länger.

Irgendwie hatte sich die Nachricht in der kleinen Stadt herumgesprochen und auch Shuddhodana erreicht. Er eilte zum östlichen Stadttor und kam gerade an, als der Ochsenwagen in die langen Schatten einfuhr, die von der Befestigung auf den Weg geworfen wurden. Es wimmelte von Menschen am Rand der Straße. Shuddhodana sprang auf den Wagen, beugte sich zu seiner Frau. Maya war kaum ansprechbar, sie fieberte und fantasierte, stöhnte leise. Die Dienerin reichte Shuddhodana das Kind. Er hielt es hoch, in die letzten Strahlen der untergehenden Sonne hinein: ›Mein Sohn, mein Kind. Seht, das ist mein Sohn, er ist das Licht der Familie der Gautamas!‹«

Ich unterbrach meine Erzählung, sann den eigenen Worten nach. Shariputra ließ nicht locker: »Und dann«, fragte er, »wie ging es weiter?«

»Die folgende Woche brachte viel Aufregung und Unruhe in das Haus des Fürsten. Weil Maya zu schwach war, hatte Shuddhodana seine zweite Frau Prajapati gebeten, das Kind zu übernehmen. Das tat sie gern, obwohl sie nur kurz zuvor einen eigenen Sohn, Nanda, geboren hatte. Doch Prajapati gab ihren Sohn einer Amme und übernahm den Säugling, dessen Mutter zu schwach war, ihn zu nähren und für ihn zu sorgen. Mit großer Liebe und Hingabe umgab sie das kleine Kind, als wäre sie seine Mutter, so trug sie ihn mit sich herum, gab ihm die Brust, pflegte und schützte ihn. Immer wieder rieb sie ihn mit wohlriechenden Ölen ein – zur Pflege der Haut und zur Stärkung des Körpers.

Shuddhodana stellte seine Aufgaben in der kleinen Republik für einige Zeit zurück. Immer wieder kam er zu Prajapati, nahm seinen Sohn auf den Arm oder hielt ihn stolz mit beiden Armen hoch über seinen Kopf: Das war der Erstgeborene seiner ersten Frau, das war sein Erbe, das war sein geliebtes Kind.

Wie die Schatten am Abend immer länger werden, so überschattete bald die Sorge um Maya seine Freude über den Sohn. Maya war nach ihrer Rückkehr nicht mehr richtig zu Bewusstsein gekommen. Schwach und immer stärker fiebernd lag sie auf den weichen Polstern im kühlsten Raum des Hauses. Die Dienerinnen fächerten ihr Luft zu, benetzten ihre Lippen mit Wasser und Nektar. Doch Maya wurde immer schwächer, aß nichts und dämmerte immer mehr vor sich hin. Sie schaute nur kurz auf, wenn Prajapati zu ihr kam und ihr das Kind zeigte. Zu schwach war sie, um es selber in den Arm zu nehmen und zu liebkosen.

Am dritten Tag kam Asita ins Haus, der weise Seher, auf dessen Voraussagen die Familie viel gab. ›Er ist unser Rishi, unser Seher. Er weist uns den Weg in die Zukunft‹, hatte Shuddhodana immer gesagt. Asita trug einen langen, zerzausten Bart und war von dunkler Hautfarbe; sein Name ›Nicht-Weiß‹ verriet, dass er zu den Stämmen gehörte, die in den Wäldern am Rand zu den Sümpfen im Norden lebten, zurückgezogen von den Städten und Dörfern der Königreiche und Republiken. Nur von Zeit zu Zeit kam der alte Mann nach Kapilavastu und auch dort ging er nur in das Haus des Raja, blieb einige Stunden und kehrte alsbald in seine Wälder zurück.

Voll Stolz zeigte Shuddhodana ihm den kleinen Sohn. Wieder und wieder hielt er ihn hoch und gab ihn schließlich in die Arme des Sehers. Der betrachtete das Kind aufmerksam, drehte es hin und her, schaute auf seinen Kopf, seine Schultern, seinen Rumpf und seine Beine. Er nickte, murmelte etwas, nickte noch einmal, umfasste die Füße des Kindes, nickte wieder, schließlich gab er den kleinen Jungen an den Vater zurück.

›Es ist so‹, murmelte er dann, ›es ist wirklich so: Er ist ein Mahapurusha, ein großer Mensch. Alles deutet darauf hin, alles. Die zweiunddreißig Zeichen sind bei ihm vorhanden, die ein Mahapurusha haben muss, seine Haut, sein Körper, die Gliedmaßen, alles ist, wie es sein muss, gleichmäßig und wohl gefügt; sein Körper ist wie der eines Löwen, auch das Zeichen zwischen den Augen ist da. Es gibt keinen Zweifel, Shuddhodana, dieses Kind wird ein großer Mensch werden, ein Außerordentlicher, der viel verändern wird: Vielleicht wird er ein großer Fürst, der den Menschen Sicherheit und Wohlstand bringen wird. Oder aber er wird ein Wegweiser allen denen, die suchen, ein Licht, das den Menschen Erleuchtung bringt. Ich freue mich, ihn jetzt zu sehen. Aber ich bin traurig, dass ich selber dies alles nicht mehr erleben werde.‹

Und an die Umstehenden gewandt, sagte der Alte: ›Ihr aber, freut euch, dass ihr dieses Kind groß werden seht. Und gleich, was aus ihm wird, hört auf seine Worte!‹ Dann wandte er sich ab und verließ das Haus des Raja ohne ein weiteres Wort. Shuddhodana und seine Familie blieben verwirrt zurück. Doch die Worte des Sehers vergaßen sie nie.«

»Wie kam es zum Namen Siddhartha?« Dieses Mal war es Maudgalyayana, der mich zu weiterem Erzählen antrieb.

»Sieben Tage nach der Geburt«, fuhr ich fort, »kamen die Brahmanen ins Haus und vollzogen die Zeremonie zur Namensgebung. Sie hielten das heilige Feuer, die lodernde Flamme über den Kopf des Kindes, rezitierten die heiligen Gesänge, weissagten auch, dass es ein bedeutendes Kind sei und gaben ihm schließlich seinen Namen: Siddhartha – der sein Ziel erreicht.«

»Das ist wahr«, ließ sich Anuruddha vernehmen. »Der Erhabene hat sein Ziel erreicht. Er hat die Erleuchtung gefunden und das Rad der Lehre in Gang gesetzt, damit auch wir Erleuchtung und Erlösung vom Leiden finden. Ananda, hör auf seine Worte. Werde auch du ein Sehender, lass dir vom Erhabenen den Weg weisen!«

»So ist es.« Shariputra bestätigte meinen Bruder. »Komm zu uns, verlass dein Haus und zieh in die Hauslosigkeit, dann wirst auch du dein Ziel erreichen. Aber vorab erzähl weiter: Was wurde aus Maya, der Mutter des Erleuchteten?«

»Da gibt es nicht mehr viel zu erzählen. Noch am gleichen Tag, als die Brahmanen mit ihren Gesängen das Haus erfüllten, ertönte das Weinen und Klagen der Dienerinnen durch alle Räume des Fürstenhauses. Maya verging ohne Laut, wie ein Blatt vom Wind getrieben zu Boden sinkt. Shuddhodana war untröstlich, hin und her gerissen von seinen Gefühlen, voller Trauer um seine geliebte Frau und voller Freude über seinen Sohn, den schon so Hochgelobten. So hat es mir mein Vater Amitodhana erzählt.«

»Ich weiß noch genau«, setzte jetzt Anuruddha meine Erzählung fort, »wie Siddhartha mit mir gespielt hat. Ich war noch klein und ihr, Ananda und Siddhartha, wart groß und stark. Doch ich durfte mit euch zum Fluss gehen und im Fluss baden. Ich durfte mit euch in den Wald und nach den Geheimnissen suchen, die das Dickicht dort für uns versteckt hielt. Siddhartha erklärte mir das Brettspiel und bald konnte ich dabei mittun. Oder wir rieten die Zeichen, die wir abwechselnd in den Sand oder auf unsere Rücken schrieben: Elefant, Quelle, Reisähren, Hütte, Sonne und Regen ... Siddhartha, mein Vetter, war mir wie ein Bruder.«

»Wir haben alles zusammen gemacht«, nahm ich seinen Erzählfaden auf. »Da gab es Reiten und Wagenlenken, wir schossen mit Pfeil und Bogen und warfen mit Speeren. Ich erinnere mich noch, mit welcher Angst wir vor den großen Tieren standen, als wir zum ersten Mal einen Elefanten lenken sollten. Doch bald wussten wir, wie man mit ihnen umgehen musste, wie man den Elefantenstachel ansetzt und wie man mit den bloßen Füßen die Zeichen gibt, nach denen sie sich richten und in Bewegung setzen. Bald beherrschten wir die Elefanten ebenso wie unsere Pferde und Waffen. Wir waren keine Kinder mehr, sondern wurden zu Männern.«

»Ja, zu Männern«, Anuruddha lachte, »in jeder Beziehung. Weißt du noch, wie wir eines Nachts in das Haus der Stadtkurtisane gingen. Wir kannten sie schon lange, weil wir zu den Feiern geladen wurden, die sie für die Reichen und Mächtigen hielt. Sie erklärte uns dabei, wie man in richtiger und vornehmer Weise das Essen zu sich nimmt und angemessene Tischgespräche führt. Wir lernten von ihr Verneigung und richtigen Gruß. Aber in jener Nacht lernten wir noch viel mehr.« Anuruddha lachte wiederum, Liebe, Lust und Leidenschaft standen vor dem Auge der Erinnerung.

»Wir sind einen gemeinsamen Weg gegangen von der Kindheit bis zum Mannesalter. Als Kinder waren wir behütet und dennoch frei, die Welt zu entdecken, als junge Männer haben wir uns jede Freiheit genommen. Schnell aber war diese Lebensphase zu Ende, eine neue begann. Ich weiß noch, wie Vater für mich eine Braut suchte, aus dem Verwandtenkreis wie bei uns üblich. Und auch Siddhartha erhielt bald seine Kusine zur Frau: Yashodhara, auch Gopa genannt, die Tochter Dandapanis. Sechzehn Jahre waren beide zur Zeit ihrer Hochzeit.«

»Vergiss nicht, was vor der Hochzeit war«, wandte Anuruddha ein. »Wie Yashodharas Vater Siddhartha eigentlich nicht als Schwiegersohn wollte, weil er kein richtiger Krieger sei, kein Draufgänger, sondern besinnlich und zurückhaltend. Dandapani wollte für seine Tochter einen Mann, der keinem Abenteuer aus dem Weg ging, einen mutigen und kampfbereiten Kshatriya also.«

»Es hat damals einen großen Wettkampf gegeben, an dem Siddhartha teilnehmen musste, ob er wollte oder nicht«, erzählte ich Shariputra und Maudgalyayana weiter. »Junge Kshatriyas traten gegeneinander an; Ringen, Bogenschießen, Elefantenreiten, Laufen und vieles andere waren die Wettkämpfe. Und wenn Siddhartha nicht so groß und stark gewesen wäre, hätte er niemals gewinnen können. Aber er wurde Erster und gewann seine Frau Yashodhara. Und schon bald wurden wir zur Hochzeit geladen. Siddhartha schwelgte damals im Glück. Er sagte uns: ›Keine Gestalt, keine Stimme, kein Duft, kein Geschmack und keine Berührung fesseln einen Mann so sehr wie Gestalt, Stimme, Duft, Geschmack und Berührung einer Frau. Ich habe meine Fesseln in Yashodhara gefunden.‹«

»Doch er hat sich auch von diesen Fesseln gelöst, als er aus dem Haus in die Hauslosigkeit hinauszog«, Maudgalyayanas Stimme klang nachdenklich. »Sag uns noch, wie es dazu gekommen ist. Erzähle vom Aufbruch!«

»Wir waren reich und ohne Sorgen«, begann ich wieder. »Gewiss, das Shakya-Fürstentum war nicht groß. Doch wir lebten in einer Zeit des Friedens, der König in Shravasti sorgte dafür, dass es keine Kriege zwischen den verschiedenen Republiken und Teilen seines Reiches gab. Der Monsun kam zur rechten Zeit und reichlich, der Reis stand gut, die Ernten waren reich, so hatte fast niemand in Kapilavastu Hunger zu leiden und wir lebten im Wohlstand. Wir freuten uns an unserer Familie, hatten genügend Dienerinnen und Diener, die uns jeden Wunsch erfüllten. Genug, um glücklich zu sein.

Allein Siddhartha war es wohl nicht. Oft traf ich irgendwo auf ihn, wenn er in Gedanken versunken unter einem Baum saß, fast nicht ansprechbar war. Oder fiel es dir, Anuruddha, nicht auf, dass er bei Festen und Gelagen häufig schon früh aufbrach, dass er das Laute, Überschwängliche, den tollen Tanz und die Ekstase nicht mehr liebte?

Ja, er war schon anders als wir alle. Das Leben als Sohn des Raja reichte nicht aus, ihn zu erfüllen, seinem Leben einen Sinn zu geben. Wir waren überrascht, als er schließlich in die Hauslosigkeit aufbrach, aber eigentlich war das zu erwarten. Wenn ich es jetzt zurückschauend bedenke, lief alles darauf hinaus. Es konnte gar nicht anders kommen, als dass Siddhartha alles zurückließ, um etwas ganz anderes zu suchen, einen neuen Weg, die Erleuchtung, die alles übertrifft.«

»Und die er schließlich gefunden hat«, Maudgalyayana nickte. »Der Sohn des Raja wurde zum erhabenen Lehrer, zum Erwachten und Erleuchteten, zu dem, der das Rad der Lehre in Gang setzte.«

Lumbini – Geburtsort des Buddha

Siddhartha Gautama, der Buddha, wurde nicht in seinem Heimatort Kapilavastu geboren, sondern in einem Salawald etwa 25 Kilometer östlich, als seine Mutter Maya auf dem Weg zu ihren Eltern war, um ihr Kind zu gebären. Lumbini ist einer der vier heiligen Orte des Buddhismus. Bereits etwa 250 vor Christus hat deshalb der zum Buddhismus konvertierte indische Kaiser Ashoka an diesem Ort eine Gedenksäule errichtet. Auch künden die Reste eines Mayatempels (oben unter dem Dach) von der Geburt des Buddha (vgl. auch das Relief auf Seite 53).

Ich bin der Erste in der Welt.
Ich bin der Höchste in der Welt.
Dies ist meine letzte Geburt.
Beenden werde ich das Leiden
von Geburt, Alter, Krankheit und Tod.

Die Kindheit des Buddha

Es war kühler geworden, die Hitze des Tages ließ nach. Wir erhoben uns und schritten ein wenig weiter in den Wald hinein. Wieder sah ich einzelne Mönche in tiefer Versenkung, andere saßen in kleinen Gruppen beim Gespräch. Wieder lag eine Atmosphäre der Ruhe und Besinnlichkeit über dem Wald und den Mönchen.

»Ich glaube«, setzte ich meine Erzählung über die Jugendjahre des Erhabenen fort, »dass Siddhartha schon lange den Wunsch hatte, von zu Hause fortzugehen und den Weg zur Erlösung zu suchen. Aber er dachte wohl, dass er eine Verantwortung für die Familie habe und zuerst ein Nachfolger da sein müsse, bevor er weggehen könnte. Als sein Sohn Rahula geboren wurde, gab es für Siddhartha keinen Grund mehr zu bleiben. Seine Frau und sein Sohn würden in der Großfamilie gut versorgt und hätten keinen Mangel zu leiden. Er aber konnte nun frei von jeder Verpflichtung seiner Sehnsucht nachgehen. Zu eng war ihm das Leben im Haus, in der Stadt geworden, er suchte den freien Himmel über sich. Als Asket und Mönch wollte er wandern ohne jede Bindung.«

»Gut hast du erzählt, wohl deine Worte gewählt«, Shariputras Stimme klang wohlwollend. »Ich weiß nun mehr über die Kindheit und Jugend des Erhabenen. So können wir auch den anderen Mönchen davon erzählen und den Menschen überall im Mittleren Land.«

Maudgalyayana stimmte dem zu: »Überall werden wir erzählen, wie der Sohn des Raja bereits als Kind und junger Mann seinen Sinn über die Bindungen des Lebens erhob, wie er Ausschau hielt nach der Überwindung des Leidens und wie er den Weg beschritt, der ihn zur Erleuchtung führte.«

»Aber doch nicht so«, Anuruddha war verändert, seine Stimme klang aufgeregt und begeistert zugleich. »Das ist doch nichts Besonderes, wenn ein junger Mann sich nicht an Kampf und edlen Wettstreit hält, sondern nachdenklich und besinnlich ist, wenn ein Kind statt im Reichtum des

Hauses in der Armut des Waldes geboren wird, wenn eine Mutter stirbt und eine Pflegemutter für das Kind sorgt, wenn ein Mann aus dem Haus in die Hauslosigkeit zieht. Das alles geschieht immer wieder. Und deshalb kann man die Geschichte des Erhabenen so nicht erzählen.«

»Wie aber dann, wenn du Recht hast, wie aber dann?«

»Geschichten müssen es sein, die bereits am Anfang von der Erhabenheit und Größe des Buddha künden, Geschichten, die ein großes Licht aufstrahlen lassen, Geschichten, die das Herz der Menschen bewegen, Geschichten mit Glanz und ergreifenden Worten. Das wird die Menschen überzeugen.«

»Aber sind solche Geschichten dann noch wahr?«, Maudgalyayana war skeptisch. »Wenn du so viel Glanz in dein Erzählen legst, hat das noch etwas zu tun mit dem Sohn des Raja? Lässt nicht der wundersame Zauber solcher Geschichten die Wahrheit weit hinter sich?«

»Die Wahrheit des äußeren Lebens gewiss«, Anuruddha war nicht zu bremsen. »Doch was ist das äußere Leben bei einem Buddha? Geht es nicht um etwas anderes, etwas, das größer, unfassbar, unbegreiflich ist? Und davon sollten unsere Geschichten künden.«

»Ich verstehe, was du meinst«, Shariputra nickte. »Du willst das Besondere eines Erleuchteten bereits in seiner Kindheit und Jugend aufzeigen. Nicht erst in seiner Erleuchtung ist er der Buddha, der Weltüberwinder, sondern bereits davor, als junger Mann, als Kind, ja als Ungeborener im Schoß seiner Mutter Maya. Nur, wie willst du das tun? Was willst du erzählen?«

»Ich habe letzte Nacht darüber nachgedacht, Ideen kamen mir, die Größe des Buddha zu schildern, ihn durch wohl gesetzte Worte, durch guten Spruch, durch angemessene Rede zu preisen. Hört meine Erzählungen vom Herabstieg des Buddha aus dem Tushita-Himmel, von Mayas Empfängnis, von der Geburt des Buddha, von seiner Jugend, von den vier Ausfahrten und von seinem Aufbruch in die Hauslosigkeit. Hört, wie ich das alles den Mönchen und den Bewohnern des Mittleren Landes erzählen möchte.«

Wir waren gespannt. Wie sollte das gehen, von Siddhartha so zu sprechen, dass bereits im Kind der Buddha sichtbar würde? Anuruddha konnte schon immer gut erzählen, oft hatten wir den Geschichten des Kleineren gelauscht. Aber nie war ich so gespannt auf seine Worte gewesen wie jetzt.

»Hört also, ihr Mönche, höre, Ananda, wie es war am Anfang, noch vor der Geburt, dort im Tushita-Himmel, wo die Götter bei himmlischen Klängen zusammen sind. Die vielen Götter, die Millionen von göttlichen

Wesen, sahen von ihrem Himmel das Leiden der Menschen, sahen, dass Alter, Krankheit und Tod ihr Los waren, sahen den ewigen Kreislauf von Werden und Vergehen.

Von Mitleid gerührt waren die Götter und so eilten sie zu ihm, dem künftigen Buddha, der unter ihnen weilte. Inständig baten sie ihn: ›Du Entzünder des Lichtes, du an Weisheit Unvergleichlicher, bedenke, deine Zeit ist gekommen. Steige hinab und bringe allen Wesen Erlösung. Nur du kannst sie die edlen Wahrheiten lehren, wie das Leiden zu überwinden ist.‹

Da fasste der künftige Buddha den Entschluss, zu den Menschen hinabzusteigen und richtete seinen Geist darauf, den Ort zu bestimmen, das Land und die Familie auszuwählen, wo er in die Welt der Menschen eintreten wollte. Und er kam zu der Erkenntnis, dass er im Mittleren Land des Rosenapfelkontinents Jambudvipa, also im nördlichen Indien, geboren werden sollte. Dort suchte er sich eine adlige Familie aus, deren Stand ihm angemessen war, und seine Wahl fiel auf die Familie Gautama aus dem Geschlecht der Shakya, auf den Raja von Kapilavastu, Shuddhodana, und seine ehrwürdige Gattin Maya. Der Raja besaß alle Vorzüge, die einen Edlen im Mittleren Land auszeichnen, und seiner Frau waren die zweiunddreißig Kennzeichen zu eigen, die eine edle Frau schmücken sollen: Sie war von hoher Geburt und aus adligem Geschlecht, schön und angesehen, freundlich und offen, ohne Zorn und Trug, ohne Unruhe und Geschwätzigkeit, eine Frau voller Tugenden. Sie wählte er aus und teilte dies den Göttern mit.

Diese waren erfüllt von Freude und überlegten, wie der zukünftige Buddha zur Erde hinabsteigen sollte. Der Göttersohn Agrateja verkündete schließlich, dies könne nur in Form des mächtigsten Tieres geschehen, das die Welt kennt, in Form eines riesigen und prachtvollen Elefanten, dessen Haut weiß wie der Schnee sei, der einen schönen Kopf mit sechs großen Stoßzähnen habe und erhaben daherschreite. So also stieg der zukünftige Buddha hinab in unsere Welt.«

»Wunderschön, Anuruddha, mit wohl gesetzten Worten hast du beschrieben, was vor der Geburt des Buddha war. So werden Geschichten erzählt, die Menschen so beeindrucken, dass sie ihre Zuflucht beim Erhabenen nehmen. Aber nun erzähl weiter«, drängte Maudgalyayana. »Was geschah, als er zur Erde kam?«

»Dass etwas Unbeschreibliches geschah, war im Palast des Raja von Kapilavastu überall zu spüren. Obwohl noch Winter war, blühten die Bäume, der Boden war bedeckt mit weichen, duftenden Blüten, auf denen man wie auf einem Teppich schreiten konnte. Vögel kamen von allen

Seiten geflogen und sangen in einer Schönheit, die jedes Instrumentenspiel übertraf. Der Teich am Palast war von Lotosblüten bedeckt, die sich höher als je zuvor dem Himmel entgegenstreckten und die das Licht der Sonne in die ganze Stadt strahlen ließen. Etwas Außergewöhnliches stand bevor.

Da trat der Erhabene in Form des weißen Elefanten mit den sechs Stoßzähnen in die rechte Seite von Mutter Maya ein, die auf einem blütenübersäten weichen Lager lag. Maya erlebte das Kommen des zukünftigen Buddha in einem Traum und erzählte ihrem Gatten Shuddhodana davon. Sie war durch das Erlebnis so erfüllt, dass sie während der ganzen Schwangerschaft in Meditation verharrte und ihren Geist auf das Kind konzentrierte, das in ihr heranwuchs.

So kam die Zeit der Niederkunft. Die Königin machte sich auf, um zu ihren Eltern nach Devadaha zu gehen und dort ihr Kind zu gebären.

Doch bereits im Wald von Lumbini setzten die Wehen ein. Maya stieg vom Wagen herab und ging hinein in das Salawäldchen; ihre Dienerinnen, tausend an der Zahl, folgten ihr mit großem Abstand.

Als die Zeit der Geburt gekommen war, begab sich Maya unter einen hohen Salabaum. Dieser ließ einen starken Ast wachsen, der sich der Fürstin entgegenstreckte und an dem sie sich festhalten konnte. Da trat das Buddha-Kind strahlend aus ihrer rechten Hüfte heraus, ohne ihr die Schmerzen zu bereiten, die Gebärende sonst haben.

Die Götter schwebten aus dem Tushita-Himmel herab und streuten Blumen vor den Knaben, um ihn zu ehren. Zwei Schlangenkönige zeigten sich und brachten zwei Wasserströme hervor, einen kalten und einen warmen, und badeten den Knaben. Die höchsten Götter gar entfalteten ein weißes Tuch, um ihn in Empfang zu nehmen und ehrenvoll zu bekleiden.

Er, der Strahlen aussandte wie die Sonne, war sich bewusst, dass er der Welt überlegen sei. Mit wachem Geist und mit dem Blick eines Löwen wollte er dies ausdrücken und machte in jede der vier Himmelsrichtungen sieben weite Schritte. Wohin er seinen Fuß setzte, dort sprossen sofort Lotosblüten und neigten sich vor dem Erhabenen. Er aber sprach:

> ›Ich bin der Erste in der Welt.
> Ich bin der Höchste in der Welt.
> Dies ist meine letzte Geburt.
> Beenden werde ich das Leiden
> von Geburt, Alter, Krankheit und Tod.‹

Zur gleichen Zeit aber, als dies geschah, spross viele Tagesreisen weiter ein junger Bodhibaum empor, wuchs und streckte sich der Sonne entgegen. Blinde konnten wieder sehen, Lahme wieder gehen, überall kamen Blumen hervor, die Luft war von Sandelholzduft durchdrungen.

Die Geschichte vom Weisen Asita und von der Namensgebung des Kindes kennt ihr bereits: Siddhartha – der sein Ziel erreicht. Das nämlich war die Prophezeiung des Asita über den Neugeborenen: ›Der Knabe, der im Haus des Fürsten Shuddhodana in Kapilavastu geboren ist, ist mit den zweiunddreißig Merkmalen eines Mahapurusha, eines großen Menschen, ausgezeichnet. Wenn er das weltliche Leben nicht verschmäht, wird er ein Weltenherrscher, ein siegreicher und gerechter König werden. Wenn er aber aus dem Haus in die Hauslosigkeit fortzieht, dann wird er ein Vollendeter, ein Heiliger, ein vollkommen Erleuchteter, ein Buddha. Er wird als Führer und Meister das Rad der Lehre in Gang setzen. Er wird zum Edelstein mit funkelnden Strahlen. Das alles wird geschehen, wenn er einen Alten, einen Kranken, einen Toten und einen Asketen erblicken wird.‹

Als er den Namen Siddhartha erhalten hatte, da war die ganze Stadt festlich geschmückt, die Menschen freuten sich. Und mehr noch: Da regnete es vom Himmel Blüten, da erscholl himmlische Musik, da schwebten die Götter aus dem Tushita-Himmel herab und neigten sich vor ihm, dem künftigen Buddha. Und es war recht so, dass sie sich neigten und nicht er vor ihnen, denn niemals wird sich Meru, der König der Berge, vor einem Sandkorn neigen, niemals der Ozean vor einer Pfütze, niemals die Sonne vor einem Glühwürmchen. Wie könnte sich da ein Buddha vor den Göttern neigen?« Anuruddha verstummte ehrfürchtig.

»Erzählen will ich euch nun«, fuhr Anuruddha fort, »von der Kindheit des Erhabenen. Ich will erzählen von seinem ersten Schulbesuch und von seiner Kunst des Schreibens.«

»Er hat doch gar nicht Schreiben gelernt. Diese Kunst überlassen wir den Schreibern, Kshatriyas lernen andere Künste«, entfuhr es mir.

»Hör nur, Ananda, so lautet die Geschichte, die den Erhabenen als den überaus Weisen beschreibt, als der, der vor allen ausgezeichnet ist: Als er zusammen mit anderen Knaben in die Schule gebracht wurde, um das Schreiben zu lernen, zählte er vierundsechzig verschiedene Schriften auf und befragte den Schulmeister, welche dieser davon lehren wolle. Der aber musste bekennen, dass er noch nicht einmal alle diese Schriften dem Namen nach kenne und dass er deshalb den Erhabenen auch nicht darin unterrichten könne. Daraufhin übernahm Siddhartha selber die Leitung der Schule: Tausend Shakya-Knaben saßen vor ihm und er lehrte sie die heiligste und vorzüglichste Schrift von allen Schriften. Und zu jedem Buchstaben dieser Schrift sprach er bereits damals einen Satz der

Lehre aus, die er später im Zusammenhang seine Mönche lehrte. Dazu nahm er ein goldenes Blatt und ein Schreibrohr. Doch zeichnete er einen Buchstaben, so standen gleich hundert da, zog er mit dem Schreibrohr eine Linie, so wurden tausend sichtbar. So erschienen seine Weisheit und geistige Kraft vor aller Augen.

Nicht nur dies zeichnete den Fürstensohn aus. Erinnert euch an den Wettkampf, den sein Schwiegervater Dandapani von ihm vor der Hochzeit verlangte. Er musste der Erste werden, um Yashodhara, die Schöne, zu erlangen, und er wurde es. So sehr wuchsen im Wettkampf seine Kräfte, dass er einen Elefanten nur mit der Kraft seiner Zehe über die Stadtmauer warf und weiter noch über die sieben Gräben hinaus bis eine Rufweite vor der Stadt hin. Das überzeugte selbst Dandapani.

Ja, er war ein Fürstensohn, der alle übertraf. Drei Paläste besaß er, einen für die kalte Jahreszeit, einen für die heiße, einen für die Regenzeit. Tausend Diener wachten darüber, jeden seiner Wünsche zu erfüllen, tausend Dienerinnen waren für ihn da, um ihm Vergnügungen zu verschaffen, so wie er es wünschte.«

»Wenn du so erzählst, verstehe ich nicht länger, warum ein solch reicher und verwöhnter Fürstensohn seinen Palast verlässt und in die Hauslosigkeit zieht? Du musst auch dazu eine Geschichte erzählen!«

»Ich weiß«, Anuruddha hob erneut an. »Doch erinnere dich an die Prophezeihung des Asita: ›Dieser Knabe wird nicht zum machtvollen Herrscher, sondern zum Vollendeten, wenn er einen Alten, einen Kranken, einen Toten und einen Asketen erblicken wird.‹ Der Raja Shuddhodana hatte diese Worte gut behalten. Ohne Unterlass trug er dafür Sorge, dass sein Sohn von jedem Alten, Kranken und Toten ferngehalten wurde. Nicht wegziehen sollte er, sondern sein Nachfolger werden. Shuddhodana umgab den jungen Siddhartha mit allem Erfreulichen, was ein Fürstenpalast zu bieten hatte. Er führte ihm hübsche Frauen zu, um ihn an die Welt zu binden, er ließ das beste Essen bereiten, die besten Getränke servieren, die größten Feste feiern, die schönste Musik spielen. Überall in den drei Palästen war der Wohlgeruch von Sandelholz und Räucherwerk, waren Lichter und Blumen, es fehlte an nichts. Die drei Paläste glichen denen der Götter im Himmel.

Dennoch, als die Zeit gekommen war, ließ der Erhabene eines Tages seinen Wagenlenker Chandaka alles zur Ausfahrt bereiten. Da griffen die Götter ein, um ihn dazu zu bringen, zum Erleuchteten zu werden und die Lehre zu verkünden.

Gerade zu der Zeit, als der Erhabene mit seinem Wagen vorüberkam, stellte sich einer der Götter am Weg auf in der Gestalt eines gebeugten und gebrechlichen Alten, der sich nur mit Mühe bewegen konnte. Siddhartha ließ anhalten und fragte: ›Sag mir, Wagenlenker, wer ist der Mann dort, nur aus Haut und Knochen bestehend, schwach und elend, mit weißem Haar und spärlichen Zähnen, gestützt auf einen Stock?‹

Chandaka, der Wagenlenker, erwiderte: ›Ein Alter ist dies, o Siddhartha, ein Mensch, gebeugt von der Last der vielen Jahre. So ergeht es jedem, wenn die Zeit der Jugend weicht.‹ Da wurde Siddhartha nachdenklich und dachte: ›Auch ich bin dem Altern unterworfen, der Anblick eines Alten beunruhigt mich.‹

Am nächsten Tag fuhren Siddhartha und Chandaka wieder auf dem Wagen aus dem Palast heraus. Dieses Mal hatte ein Gott die Gestalt eines Kranken angenommen, der mit Schmerzen und laut klagend am Wegrand auf dem Boden lag, die Haut von schwarzen Beulen überzogen, zusammengekrümmt und abgemagert. Wiederum ließ Siddhartha anhalten und fragte: ›Sag mir, Wagenlenker, wer ist der Mann dort, am Boden liegend, gekrümmt und voller Schmerzen, mit schwarzer Haut und mager wie ein dürrer Stock?‹

Chandaka, der Wagenlenker, erwiderte: ›Ein Kranker ist dies, o Siddhartha, ein Mensch, gebeugt von der Last der vielen Krankheiten. So ergeht es jedem, wenn die Zeit der Gesundheit weicht.‹ Da wurde Siddhartha nachdenklich und dachte: ›Auch ich bin der Krankheit unterworfen, der Anblick eines Kranken beunruhigt mich.‹

Eine dritte Ausfahrt führte vorbei an einem Toten, der mit Leinentüchern umwunden auf einer Bahre lag. Siddhartha ließ anhalten und fragte: ›Sag mir, Wagenlenker, wer ist der Mann dort auf der Bahre, eingewickelt in weiße Tücher, regungslos und unbeweglich?‹

Chandaka, der Wagenlenker, erwiderte: ›Ein Toter ist dies, o Siddhartha, ein Mensch, dessen Leben abgelaufen, dessen Atem zum Stillstand gekommen ist. So ergeht es jedem, wenn die Lebenskraft weicht.‹ Da wurde Siddhartha nachdenklich und dachte: ›Auch ich bin dem Tod unterworfen, der Anblick eines Toten beunruhigt mich.‹

Eine vierte, letzte Ausfahrt schließlich ließ Siddhartha auf einen Asketen treffen, der ruhig und gelassen im gelben Gewand den Weg entlangschritt. Da fragte Siddhartha erneut: ›Sag mir, Wagenlenker, wer ist der Mann dort im gelben Gewand, der ruhig seinen Weg beschreitet, in sich gekehrt und durch nichts zu erschüttern?‹

Chandaka, der Wagenlenker, erwiderte: ›Ein Asket ist dies, o Siddhartha, ein Mensch, der die Welt überwunden hat, den das Leiden nicht länger trifft.‹ Da wurde Siddhartha nachdenklich und dachte: ›Das nun ist auch mein Weg, der Anblick eines Asketen beruhigt mich.‹

Und er fasste den Entschluss, diesem Vorbild zu folgen, um Alter, Krankheit und Tod zu überwinden. Unerschütterlich und unabänderlich stand alsbald sein Wille fest, Palast und Reichtum zurückzulassen und den Weg der Asketen zu gehen.

Am gleichen Tag noch gebar Yashodhara, die edle Frau des Siddhartha, ihm einen Sohn, Rahula.

Shuddhodana aber, der vom Entschluss seines Sohnes hörte, ließ die Palasttore schließen und Wachen aufstellen: Kein Weg sollte aus dem Palast hinausführen, Siddhartha zum Bleiben gezwungen werden.

Siddhartha aber sprach:

>*Zu allen Zeiten haben die Weisen*
das Hinausgehen aus dem Haus gepriesen.
Darauf gründet das Heil aller Wesen,
darauf gründen Wonne und Todlosigkeit.‹

Wiederum griffen die Götter ein, bewogen vom Mitleid mit den Menschen, die auf eine Lehre zur Überwindung des Leidens warteten. Sie ließen die Einwohner von ganz Kapilavastu in tiefen Schlaf sinken, kein Geräusch ertönte, die Nacht wurde dunkler als sonst.

Da, in der Mitte der Nacht, erhob sich der Fürstensohn. Vor seinem Aufbruch wollte er seinen Sohn Rahula sehen. Doch als er in das Gemach Yashodharas trat, hatte diese den Arm so über den Säugling gelegt, dass er verdeckt war. Siddhartha wandte sich ab und ging hinaus.

Die Götter hatten inzwischen die Hufe seines Pferdes Kanthaka mit Stofflappen umwickelt, damit kein Laut zu hören war. Die Stadttore öffneten sich von selbst, die Wärter lagen in tiefstem Schlaf. Begleitet von seinem Wagenlenker Chandaka durchritt Siddhartha das Tor und wandte sich gen Osten, um noch in der gleichen Nacht drei Königreiche zu durchqueren. Dann erst hielt er sein Pferd an.

Mit einem Wandermönch tauschte er die Kleidung, seine kostbaren Gewänder gegen das einfache gelbe Gewand des Asketen. Seinen teuren Schmuck, die schweren Ohrgehänge, die Ketten und Bänder schenkte er seinem treuen Chandaka und trug ihm auf: ›Eile zurück nach Kapilavastu. Sage meinen Eltern, dass ich in die Hauslosigkeit gezogen bin, um die Erleuchtung zu gewinnen. Aber ich werde zurückkommen und auch ihnen die Lehre verkünden.‹ Chandaka tat, wie ihm geheißen.

Siddhartha aber nahm ein Messer und schor sich Haupthaar und Bart ab. Einer der dreiunddreißig Götter aus dem Tushita-Himmel kam, fing die Haarsträhnen in einer Schale auf und trug sie in den Himmel zurück. Der Erhabene jedoch begann, als Wandermönch im Mittleren Land umherzuziehen.«

1

Buddha-Legenden

Die Lebensgeschichte des Buddha ist in vielen Legenden ausgeschmückt worden. Häufig findet man in buddhistischen Tempeln Südostasiens diese Legenden in Wandbildern wiedergegeben. Die Legendenbilder dieses Buches stammen großteils aus dem Wat Preah Prom Reath in Siem Reap (bei Angkor), Kamboscha.

2

3

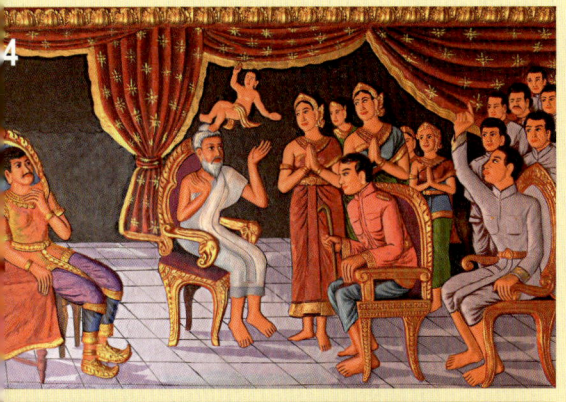

(1) Die Götter im Tushita-Himmel beraten, dass ein neuer Buddha zur Welt kommen soll.

(2) Maya empfängt ihr Kind durch einen weißen Elefanten, der in ihre Seite eintritt.

(3) Geburt des Buddha: Das Kind geht sofort sieben Schritte. Es zeigt auf Himmel und Erde, denn es ist Herr der Welt.

(4) Der Weise Asita prophezeit über das Leben des Buddha: Er wird König oder Buddha.

(5) Zum Wohl des Neugeborenen werden Opfer dargebracht.

(6) Das Kind Buddha mit seiner Pflege- und Stiefmutter Prajapati im Palast seines Vaters.

(7) Buddha gewinnt vor seiner Hochzeit mit Yashodara einen Wettkampf.

(8) Die Hochzeit von Buddha und Yashodara, daneben Shuddhodana und Prajapati.

(9) Buddha führt ein Leben im Überfluss im Palast seines Vaters Shuddhodana.

10

(10) Die vier Ausfahrten: Viermal verlässt Buddha mit seinem Wagenlenker Chandaka den Palast und begegnet einem Alten, einem Kranken, einem Toten und einem Asketen.
(11) Bewegt durch diese Begegnungen will Buddha einen Ausweg aus dem Leid finden. Dazu verlässt er den Palast, seine Frau Yashodara und seinen Sohn Rahula.

11

12

(12) Buddha zieht aus dem Palast in die Hauslosigkeit; die Götter helfen ihm. Doch der böse Mara stellt sich ihm in den Weg, um ihn davon abzuhalten, erleuchtet zu werden.
(13) Um Asket zu werden, schneidet sich der Buddha die Haare ab und legt wertvolle Kleidung und Schmuck ab. Sein Diener Chandaka und sein Pferd Kanthaka trauern.

13

Der Kern aller Dinge ist Erlösung,
und dies bedeutet die Lösung
von allen vergänglichen Dingen.

Das Leid überwinden

Wir erreichten den hinteren Teil des Nigrodha-Waldes vor den Toren der Fürstenstadt Kapilavastu. Siddhartha, der Buddha, schien uns erwartet zu haben. Er saß aufrecht im Schatten eines Banyanbaumes, die Beine in Meditationshaltung verschränkt, die Hände im Schoß zur Schale zusammengelegt und blickte uns wohlwollend an. Ehrfürchtig verneigten wir uns, wie es vor Königen und großen Lehrern Brauch ist. Shariputra und Maudgalyayana aber schritten daraufhin weiter und nahmen auch Anuruddha mit. So blieb ich allein mit dem Erhabenen zurück. Ich verneigte mich noch einmal und setzte mich dann schweigend an seine Seite, wie es sich geziemt. Ich wartete, dass er mich ansprach.

»Sei gegrüßt, Ananda«, begann er. »Möge es dir wohl ergehen und dir Gesundheit, Stärke und Weisheit beschieden sein.«

»Möge es auch dir wohl ergehen, Erhabener.«

»Wer nach Hohem streben will, Ananda, wer den tugendhaften Pfad beschreiten will, der muss sich immer neu um Erkenntnis bemühen, der muss zum Wissen gelangen um das Leiden, um die Ursache des Leidens, um die Aufhebung des Leidens und um den Weg, wie dies möglich ist, den edlen, achtfachen Pfad. Dies ist das wahre, das nutzvolle, das vollendete Wissen, das Wissen von den vier edlen Wahrheiten. Strebe nach diesem Wissen und sei nicht länger ein Blindgeborener, sondern ein Wissender.«

»Erläutere mir deine Lehre, Herr. Erkläre mir: Wenn alles Leiden ist, wie ist dann Erlösung möglich? Wie kann inmitten eines Ozeans von Leiden das feste Land der Leidüberwindung erreicht werden?«

»Der Lehrer der edlen Wahrheiten, Ananda, ist einem Arzt zu vergleichen. Dieser erkennt in einem ersten Schritt die Krankheit, die einen Menschen belastet, behindert, in seiner Bewegung einschränkt, ihm Schmerzen zufügt und Körper und Geist schwach werden lässt. Doch der Arzt fragt in einem zweiten Schritt nach dem Grund für solche

Krankheit, woher kommt sie, was hat sie ausgelöst, wie ist sie entstanden. Wenn er dies weiß, dann fragt er weiter nach einem Heilmittel, das gegen die Krankheit eingesetzt werden kann, das den Grund dieser Krankheit überwindet. Schließlich, und das ist dann der vierte Schritt, kann er einen Pfad weisen, wie dieses Heilmittel eingesetzt werden soll und den Kranken retten kann. Genauso, Ananda, ist es mit der Lehre, die der Buddha verkündet:

Die Krankheit, der wir begegnen, ist das Leiden der Menschen, das vielfältige, vielgesichtige Leiden: Geburt und Alter, Krankheit und Tod, Schmerz und Verzweiflung, Verlust und Trauer, das ist die Krankheit, die uns belastet durch alle Geburten hindurch.

Was aber ist der Grund dieser Krankheit? Was ist der Grund dafür, dass Leiden entsteht?

Höre, Ananda, die zweite der vier edlen Wahrheiten:

> Dies ist die zweite edle Wahrheit,
> die Wahrheit von der Leidensentstehung:
> Was all das Leiden bewirkt,
> das ist die mit Leidenschaft verbundene Gier:
> die Gier nach Lust,
> die Gier nach Werden,
> die Gier nach Vernichtung.«

Ich konnte nicht glauben, dass das die Lösung war: Alles Leid auf der Welt sollte nur eine einzige Ursache haben, von einem Einzigen ausgehen, von der Gier?

»Verzeih, Erhabener, dass ich nicht verstehe. Wie kann das sein, dass allein die Gier Leiden schafft, altes Leiden verlängert und neues Leiden hervorbringt? Wie kann die Gier die Ursache des Leidens sein? Deute mir deine Worte.«

»Es ist der Lebensdurst, die Lebensgier, die den Menschen bestimmt, ihn im Kreislauf der Wiedergeburten zu immer neuem Lebenskampf führt und den Weg zur Erlösung versperrt. Dreifach ist die Gier, die dem Menschen Fesseln anlegt und ihn nicht frei werden lässt:

Es ist die Gier der Lust eine erste Fessel: der Durst nach Befriedigung, nach nicht endender Leidenschaft, nach Verschmelzung, nach je neuem lustvollem Tun. Das aber lässt den Menschen alle Rücksicht verlieren, nur für ihn selber ist alles bestimmt, nichts anderes gilt mehr als nur sein eigener Wille, sein eigenes Wohl. Doch nichts ist beständig, alles, was entstanden ist, vergeht auch wieder. Das Glück der Liebe führt zum Verlust, die Kraft der Leidenschaft zur Spaltung, die Gier nach Lust zu neuem Verlangen und neuer Enttäuschung. So aber entsteht Leiden und immer neues Leiden. Wahrlich, Ananda, Menschen, die von solchem Verlangen beherrscht sind, gleichen einem Kaninchen in der Falle.

Es ist die Gier nach Werden eine zweite Fessel: die Gier nach Besitz und Reichtum, der Durst nach Mehr-sein-Wollen, nach Größe und hohem Rang. Immer mehr haben wollen. Und wenn nicht in diesem Leben, dann im nächsten. Immer weiter, immer größer, immer mehr. Geiz und Unbarmherzigkeit sind die Folge. So aber entsteht Leiden und immer neues Leiden. Wahrlich, Ananda, Menschen, die von solchem Verlangen beherrscht sind, gleichen einem Ochsen unter einem schweren Joch.

Es ist die Gier nach Vernichtung eine dritte Fessel: die Gier, den anderen zu unterwerfen, zu verachten, klein zu machen und zu zerstören. Hass und Missgunst, Neid und Zorn beherrschen den Menschen, entzweien ihn von anderen und führen zu Streit und Krieg. So aber entsteht Leiden und immer neues Leiden. Wahrlich, Ananda, Menschen, die von solchem Verlangen beherrscht sind, gleichen einem Gefangenen im Kerker.

Das also ist die Wahrheit von der Leidensentstehung.«

Ich saß lange schweigend und auch der Buddha sagte nichts mehr. Zu viele Gedanken schossen mir durch den Kopf, um antworten zu können. Hatte er nicht Recht? Gab es nicht wirklich bei den Menschen, auch bei mir, diese unstillbare Gier nach mehr, nach Lust und Glück, nach Besitz und vielen Dingen, nach Macht und Einfluss? Trieb mich nicht eine ständige Gier an, ein Lebensdurst? Und führte solche Gier, solcher Durst nicht immer wieder zu Schwierigkeiten, zu Streit und Auseinandersetzung, zu neuem Leiden?

»Fünf Gifte der Schlangen, Ananda, gibt es, die tödlich sind: das Gift der Kobra, das Gift der Viper, das Gift der Krait, das Gift der Naja, das Gift der Seeschlange – diese fünf Schlangengifte bringen Tod und Verderben. Fünf Gifte der Menschen, Ananda, gibt es, die ebenso tödlich sind: das Gift der Begierde und Leidenschaft, das Gift des Hasses, das Gift der Unwissenheit und Verblendung, das Gift des Hochmutes und Stolzes, das Gift des Neides – diese fünf Menschengifte bringen Tod und Verderben. Diese sind die Auslöser der Krankheit, die Fesseln des Menschen, der Grund des Leidens.«

Solches Gift hatte ich in meinem Leben schon oft gespürt. Der Streit mit Arada etwa hatte mich bis heute nicht in Ruhe gelassen, vergiftete mein Leben. Die Auseinandersetzung um die Wasserrechte am oberen Flusslauf waren zum Gift für ganze Dörfer geworden und es gelang dem Raja nicht, ihrem Hass ein Ende zu setzen. Oder wenn ich an die Gier des Geldverleihers denke, der seinen Schuldnern das Letzte nimmt, auch dies ein Gift, das Leid und Tod bringt. Ja, der Buddha hatte Recht: Die Gier des Menschen ist die Ursache des Leidens.

Aber gilt nicht genauso das: nicht nur schlechte Gier, sondern auch gutes Wünschen, nicht nur zerstörerische Leidenschaft, sondern auch Sehnsucht nach Glück, nicht nur Hass und Neid, sondern auch Liebe und Hingabe? War denn wirklich alles im Leben nur leidvoll, von Leiden bestimmt, auf Leiden ausgerichtet? Ich konnte das immer noch nicht glauben.

Als hätte er meine Gedanken erraten, fuhr der Buddha fort: »Du hast zwei Kinder, Ananda, und liebst sie sehr. Würdest du dir noch mehr Kinder wünschen, dazu Enkel, reich an Zahl?«

»Gewiss, Herr, wünsche ich mir Kinder und Enkel, reich an Zahl.«

»Würdest du dir so viele wünschen, wie es Menschen in Kapilavastu gibt?«

»Auch das, Herr, wünsche ich mir, Kinder und Enkel sind ein großer Reichtum.«

»Nun bedenke und sage, wie viele Menschen sterben jeden Tag in Kapilavastu.«

»Einer oder zwei mögen es wohl sein an jedem Tag.«

»Wenn du also Kinder hättest so reich an Zahl wie die Menschen in Kapilavastu, hättest du dann nicht auch jeden Tag Anlass zur Trauer, weil du einen Toten beklagen müsstest, einen geliebten Menschen?«

Erschrocken nickte ich. So hatte ich das noch nie gesehen: Was man liebt, das gibt auch Anlass zum Leiden, das wollte er mir doch wohl sagen.

»Ananda, wer hundert Dinge hat, hat hundert Anlässe zum Leiden, wer neunzig, achtzig, fünfzig, zwanzig oder zehn liebe Dinge hat, hat ebenso viele Leiden. Und umgekehrt gilt: Wer nichts Liebes hat, der hat kein Leiden. Ich sage dir: Ein solcher ist frei von Trauer, frei von Verzweiflung, frei von jeder Fessel.«

Da war wieder das Thema, das mich an Siddhartha schon lange beschäftigte: Wie konnte er sich frei machen von seinen Fesseln, von den Menschen, die er geliebt hatte, von den Dingen, die er besessen hatte? Wie konnte er von allem wegziehen, alles zurücklassen, jede Bindung abstreifen? War das die Voraussetzung für seine Erleuchtung gewesen? War das der Grund, warum er ein Buddha geworden war?

Und wenn das so ist, mir lief es kalt über den Rücken, was bedeutet das dann für mich? Musste ich dann nicht auch meine Fesseln bedenken und zerschneiden? Musste ich nicht auch alles zurücklassen, um die Freiheit zu einem neuen Weg zu haben, um den Weg zur Erlösung zu beschreiten? War der Weg des Buddha auch mein Weg? Erschrocken hielt ich inne, ich zauderte, daran zu denken.

»Denke daran, was ein Mensch lange erwägt und überlegt, dahin neigt sich sein Herz. Worauf ein Mensch seinen Sinn richtet, was er erstrebt und sich wünscht, dahin neigt sich sein Herz. Woran sich ein Mensch in Liebe bindet, dahin neigt sich sein Herz.

Bedenke also, Ananda: Was immer es in dieser Welt an Trauer und Leiden gibt, es ist bedingt durch solches Anhaften, durch solches Anbinden, durch die Gier.

Die Begierden sind zu vergleichen mit flammendem Stroh. Was meinst du, wenn ein Mann mit einer flammenden Strohfackel in der Hand gegen den Wind ging? Müsste dieser Mann die flammende Strohfackel nicht gar eilig von sich fortwerfen, damit sie nicht seine Hand versengen, seinen Arm in Brand setzen, seinen ganzen Leib zerstören kann? Würde ein Mann, von dieser flammenden Strohfackel in Brand gesetzt, nicht Schmerz und den Tod erleiden? Flammendem Stroh und glühenden Kohlen gleich sind die Begierden. Nur der wird nicht von ihnen versengt, der sie fallen lässt. Nur der kann dem Tod entgehen, der sie weit fortwirft.«

Die Begierden wegwerfen, alle Gier zurücklassen und so frei werden, es leuchtete mir ein, das konnte, ja musste der Weg zur Erlösung sein.

»Der Kern aller Dinge«, sagte der Buddha mit klarer Stimme und schaute mich dabei mit festem Blick an, »der Kern aller Dinge ist Erlösung, und dies bedeutet die Lösung von allen vergänglichen Dingen.«

Ich traute mich nicht, etwas zu sagen. Das, was der Buddha ausgeführt hatte, stand wie ein großer Berg vor mir, klar und deutlich, aber gewaltig und Angst erregend. Denn nun war ich selber gefragt: Was waren denn meine Fesseln? Worin lag meine Gier? Wovon musste ich mich befreien?

Ich schreckte zurück vor dem, was ich immer klarer erkannte. Ich wollte noch nicht wahrhaben, dass mir kein anderer Weg blieb, dass ich loslassen, meine Fesseln abwerfen musste.

»So höre nun, edler Ananda, die dritte der vier edlen Wahrheiten. Die Krankheit des Menschen ist das Leiden, der Grund dieser Krankheit ist die Gier, das Mittel gegen diesen Krankheitsgrund aber ist die Aufhebung:

Dies ist die dritte edle Wahrheit,
die Wahrheit von der Aufhebung des Leidens:
Die Aufhebung des Leidens ist
die Vernichtung, Aufgabe, Verwerfung,
das Freigeben und Ablegen eben dieser Gier:

der Gier nach Lust,
der Gier nach Werden,
der Gier nach Vernichtung.«

Frei werden von jeder Gier und so das Leiden überwinden, es wurde mir immer klarer, was die Lehre des Buddha ausmachte. Und nichts anderes war auch sein Hinausziehen in die Hauslosigkeit gewesen als ein solches Freiwerden und Loslassen. Doch wie sollte mir das möglich sein?

»Nun also, Ananda«, des Meisters Stimme klang mir wie aus weiter Ferne, so sehr war ich mit meinen eigenen Gedanken beschäftigt, »höre, was ich dir sage: Kämpfe an gegen Begehren, Hass und Unwissenheit. Denke daran, welche Tat eines Menschen ohne Begehren, Hass und Verblendung getan worden ist, diese Tat hat keine Bedeutung, ist an der Wurzel abgeschnitten, einer entwurzelten Palme gleichgemacht, kann nicht neue Gier, neuen Hass, neue Verblendung erzeugen, schafft nicht neues Leid.«

Ich nickte stumm. Wie jedoch sollte ich das alles umsetzen, wie lässt sich ohne Gier, ohne Hass, ohne Verblendung leben? Was denn konnte ich tun?

Als hätte der Buddha meine Gedanken erraten, lächelte er und sagte. »Hab nur Mut, Ananda, und vor allem, hab Ausdauer. Nicht gleich am Anfang wirst du Gewissheit erlangen, sondern allmählich dich mühend, allmählich kämpfend, Schritt um Schritt weiter schreitend erlangst du Gewissheit.

Wie aber kannst du Schritt für Schritt weiter schreiten? Das ist wie bei einem Mann, der Interesse an der Lehre gefunden hat. Erregt kommt er heran. Herangekommen gesellt er sich zu. Zugesellt beginnt er zu hören. Offenen Ohres hört er die Lehre. Hat er die Lehre gehört, behält er sie. Hat er die Sätze behalten, bedenkt er den Inhalt. Hat er den Inhalt betrachtet, gewähren ihm die Sätze der Lehre Einsicht. Wenn er Einsicht gewonnen hat, billigt er die Lehre. Wenn er die Lehre allgemein billigt, dann lässt er sie auch für sich selber gelten. Lässt er sie für sich gelten, dann arbeitet er damit. Wenn er aber beständig mit der Lehre arbeitet, dann verwirklicht er die höchste Wahrheit, dann gelangt er zur Gewissheit, dann erschaut er die Vollendung.

So also sollst du Schritt für Schritt weiter schreiten. So sollst du an dir arbeiten. Das ist vergleichbar einem Mann, der in einem Dorf wohnte. In der Nähe des Dorfes befand sich ein dichtes Gehölz, von Rizinusstauden umwuchert. Es erbarmte sich aber dieser Mann der umwucherten Bäume und ging hin, um sie zu hegen und zu sichern. Er ging und holzte die krummen, entsafteten, toten Stämme ab, schaffte sie fort und hielt den wohlgesäuberten Forst sauber instand. Die geraden, gut gewachsenen Stämme aber, die pflegte er sorgsam. So kam die Waldung beizeiten zum Gedeihen, zur Reife und Entfaltung.

Ebenso wie dieser Mann, Ananda, sollst du deinen Wald säubern und pflegen, das Schlechte bekämpfen, das Gute stetig stärken. So wirst auch du in der Wahrheit zum Gedeihen, zur Reife und zur Entfaltung gelangen.«

Schritt für Schritt weiter schreiten. War es mir nicht ebenso ergangen wie jenem Mann, von dem der Buddha sprach? Hatte nicht auch ich in einem ersten Schritt nur von der Lehre sagen hören, war dann aber zum Buddha gekommen und hatte mich ihm zugesellt? Saß ich nun nicht hier, um die Lehre zu hören, die edlen Wahrheiten vom Leiden, von seiner Entstehung und von der Aufhebung des Leidens?

Waren meine weiteren Schritte nicht ebenso vorgezeichnet: die Sätze der Lehre zu bedenken und zu billigen, sie dann für mich ganz persönlich, für mein Leben, für meinen Weg gelten zu lassen und an mir zu arbeiten, bis ich Gewissheit und das Schauen der Wahrheit erlangen, bis ich zur Vollendung gelangen würde? Mir schauderte bei diesen Gedanken. Mein ruhiges, gemächlich dahinfließendes Leben in der Fürstenfamilie, im Wohlstand des Rajahauses, in der Geborgenheit Kapilavastus und der Shakya-Republik schien gefährdet und bedroht, so wie ein Blitz einschlägt in ein sicher geglaubtes Haus. Der Buddha begann, mich zu verändern, von Grund auf. Ein Blitz war in mein Leben eingeschlagen.

Nur wenige Augenblicke später wurde ich aus meinen Gedanken gerissen. Ein leises Geräusch ertönte im Buschwerk hinter mir. Als ich mich umwandte, sah ich Anuruddha auf uns zukommen und neben ihm – ich fasste es nicht – Devadatta. Auch er war einer meiner Vettern, aber was für einer. Ich spürte Gefühle von Abneigung und Hass in mir aufsteigen, Gefühle, die ich noch einen Augenblick zuvor loslassen und bekämpfen wollte. Aber dieser Devadatta war einfach schrecklich. Überall gab es Streit, wo er auftauchte. Vor nichts schreckte er zurück. Ich weiß noch gut, wie er seinen Diener mit der Pferdepeitsche fast totschlug, nur weil der ein Gefäß umgestoßen hatte und es zerbrach. Devadatta war jähzornig und hinterhältig, niemand war sein Freund. Was mochte er wohl hier vom Buddha erwarten?

Anuruddha und Devadatta verneigten sich, wie es sich gehört. Der Buddha sah beide nur schweigend an, den jungen Anuruddha, der sich gestern ihm und der Gemeinschaft der Mönche Hals über Kopf angeschlossen hatte, und den älteren Devadatta, der ihn, in fürstliche Gewänder gehüllt, ein Schwert an der Seite, eigenartig anschaute.

»Stimmt es«, begann Devadatta, ohne ehrfürchtig zu warten, bis der Buddha ihn ansprach, »dass Erleuchtete zehn magische Fähigkeiten haben? Können sie in der Luft schweben und haben sie die Fähigkeit, eine andere Gestalt anzunehmen oder sich sogar zu vervielfältigen? Und kann der Erhabene den Himalaja, den König der Berge, in Gold verwandeln?«

Aha, dachte ich, das ist es. Er interessiert sich für so etwas. Und mir fielen die Sätze des Buddha über Gier, Hass und Verblendung ein, die immer neues Leiden erzeugen. Devadatta, dachte ich, ist ein solch Verblendeter, getrieben von seiner Gier, gepackt von Hass und so immer neues Unheil schaffend. Ich war gespannt, was der Buddha ihm antworten würde.

»Höre, Devadatta! Wären auch alle diese Berge aus leuchtendem Gold, so wäre es doch nicht genug für das Verlangen eines Menschen. Nicht in dieser Weise kannst du Erlösung gewinnen.

Wohl aber höre auf die Worte der Lehre. Denn wie der Regen in ein Haus mit schlechtem Dach hineinläuft, so dringt die unheilvolle Leidenschaft in den Geist ein, der nicht in der Lehre geschult ist. Wie aber in ein Haus mit gutem Dach kein Regen läuft, so dringt die unheilvolle Leidenschaft auch nicht in einen Geist ein, der in der Lehre geschult ist.«

Mit diesen Worten stand der Buddha auf, verneigte sich kurz und verließ uns mit festem Schritt.

Die buddhistische Gemeinschaft besteht aus Mönchen und Laienanhängern. Während die Mönche den strengeren Weg wählen, verehren die Laien Buddha auf unterschiedliche Weise:

Es gibt Körperhaltungen wie Niederknien oder Niederwerfen, Handhaltungen wie die zusammengelegten Hände und vielerlei Opfergaben – Räucherstäbchen, Blumen, Obst, Kerzen ...

In der Regel ist die buddhistische Kunst sehr traditionell angelegt – ähnlich orthodoxer Ikonen sind die Kennzeichen der einzelnen Personen und auch die dargestellten Szenen den Künstlern genau vorgeschrieben. Im thailändischen Wat (Tempel) Doi Saket, 20 Kilometer östlich von Chiang Mai, ist die Haupthalle des Tempels aber mit modernen Darstellungen in einem esoterischen Stil ausgeschmückt. Das linke Bild zeigt das Zurücklassen aller weltlichen Güter für den, der Mönch werden will und der sich künftig nur auf die wenigen, Mönchen zugelassenen Besitztümer beschränkt (Gegenstände unten in der Mitte). Dem Mönch aber muss es um einen geistigen Aufstieg bis hin zur Erleuchtung, zur Buddhaschaft gehen. Das rechte Bild zeigt Mönche mit Kerzen, die eine große Kerze (stellvertretend für den Buddha, siehe in der Flamme) umgeben. Die Sangha, die buddhistische Mönchsgemeinschaft, soll Erleuchtung in die Welt bringen.

Von allem Bösen abzustehn,
das Heilsame zu mehren,
auf Läuterung des Geists zu sehn:
Das ist's, was Buddhas lehren.

Wie das große Meer
nur einen Geschmack hat,
den des Salzes,
so hat diese Lehre nur einen Geschmack,
den Geschmack der Erlösung.

Der achtfache Pfad

Das lange Gespräch mit dem Buddha hatte mich tief bewegt. An jedem Tag der folgenden Woche ging ich am späten Nachmittag zu ihm in den Nigrodha-Wald, jeden Tag hörte ich seine Lehre, jede Nacht grübelte ich darüber nach, drehte mich schlaflos auf meinem Lager, während meine Frau neben mir in tiefem Schlaf ruhig atmete. Erst gegen Morgen meist fiel ich in einen unruhigen Schlaf.

Es war eine Woche nach meinem ersten Zusammentreffen mit dem Buddha, als ich von Lärm und Geschrei geweckt wurde. Ich schreckte hoch und lief vor das Haus. Die Morgensonne stand noch nicht hoch, warf nur ein erstes Licht über die Häuser, lange Schatten bedeckten die Wege dazwischen. In diesem Schatten gingen bereits die Mönche mit ihren schwarzen Schalen, in denen sie das Erbettelte sammelten. Sie gingen mit ruhigem, gleichmäßigen Schritt in einer Reihe hintereinander, der Buddha schritt ihnen voran.

Das Geschrei kam von Yashodhara, der Gattin Siddharthas, die er damals verlassen hatte. Sie hielt ihren Sohn Rahula an der Hand und schimpfte laut: »Wie konntest du uns nur allein lassen, eine Frau ohne Mann, ein Kind ohne Vater? Was nützt deine Lehre, wenn sie Witwen und Waisen schafft?« So voller Wut war Yashodhara, dass sich ihre Stimme überschlug. Doch der Buddha schritt ruhig weiter und verschwand in einer Seitengasse.

Mit geballten Fäusten stand Yashodhara vor dem Fürstenhaus. Dann zeigte sie hinter den Mönchen her. »Sieh, Rahula, sieh nur hin. Das da war dein Vater. Geh, lauf schnell hinter ihm her. Lauf und frage ihn nach deinem Erbteil. Er soll dir dein Erbe geben!«

Der Achtjährige schaute seine Mutter fragend an, dann aber rannte er los, um die Gruppe der Mönche einzuholen. Anuruddha hat mir später erzählt, was danach geschah: Der kleine, schmächtige Junge drängte sich zwischen den Mönchen durch, bis er den Buddha erreichte. Keck stellte er sich ihm in den Weg, hielt die Hand auf und rief: »Gib mir mein Erbteil, Asket, gib mir mein Erbteil!«

Der Buddha schaute den Jungen, seinen Sohn, mit wohlwollendem Lächeln an. Dann sagte er: »Geld und Gold, das du erwartest, besitze ich nicht. Die Gier nach Besitz bringt nur Qual und Leiden mit sich und schafft neue, leidvolle Wiedergeburt. Aber ich will dir etwas anderes geben, einen siebenfachen edlen Schatz, der mein wahres Erbe für dich ist.«

Und er wies Shariputra an, den Knaben als Novizen in die Gemeinschaft der Mönche aufzunehmen und ihm Stück für Stück, wie er es fassen könne, die Lehre darzulegen. An der Hand Shariputras zog Rahula mit dem Buddha weiter.

Kurz darauf berichtete man Shuddhodana, dass er nicht nur seinen Sohn, sondern jetzt auch seinen Enkel verloren hatte. Wutentbrannt begab sich der Fürst in den Nigrodha-Wald, um den Buddha aufzusuchen und ihm Vorwürfe zu machen. Ohne Einwilligung der Eltern sollten Söhne nicht in die Mönchsgemeinschaft aufgenommen werden, so der erzürnte Fürst. Es entzündete sich ein langer Streit. Schließlich stimmte der Buddha zu, dass künftig dem Wunsch des Raja entsprochen werden sollte, wonach Novizen mindestens 15 Jahre alt sein müssen und auch die Erlaubnis der Eltern nötig sei. Rahula aber blieb bei ihm und wurde Novize und später Mönch.

Enttäuscht kehrte Raja Shuddhodana in sein Haus zurück und war an diesem Tag für niemanden mehr zu sprechen. Ich hatte währenddessen viel zu tun. Der Dachstuhl des Getreidespeichers am Dorfteich war am Vortag fertig geworden und nun begannen die Arbeiter mit dem Eindecken. Ein Ochsenkarren mit großen Schilfbündeln stand bereits an der Baustelle, als ich eintraf, ein zweiter rumpelte langsam über den Feldweg zwischen den Reisfeldern heran. Die Arbeiter begannen, das Schilf abzuladen, ich prüfte noch einmal die Verstrebungen des Dachstuhls. Es war gute Arbeit.

Erst am späten Nachmittag eilte ich wieder in das kleine Wäldchen vor der Stadt. Einige Mönche saßen rund um den Buddha, auch einige Leute aus der Stadt und aus nahe gelegenen Dörfern waren gekommen, ein lebhaftes Gespräch war im Gange. Ein Mann aus dem Brahmanenviertel tat sich besonders durch seine Rede hervor. Immer wieder stellte er Fragen nach diesem und jenem, nach den Göttern und der Entstehung der Welt, nach dem All-Einen und den vielen Dingen, nach den Erscheinungen und dem wahren Sein, nach Seele und Leib, nach dem Tod und dem, was danach kommt.

»Sage mir, Herr, und gib gute Antwort. Wie ist es wohl, welcher von zwei Männern hat Recht und welcher Unrecht? Wenn einer von beiden sagt: ›Die Welt ist ewig, unvergänglich, unzerstörbar, ewigem Kreislauf unterworfen.‹ Wenn ein anderer sagt: ›Die Welt ist nicht ewig, ist vergänglich, zerstörbar, kommt zu einem Ende.‹ Sag, Weiser, wer von beiden hat Recht? Wenn du mir eine gute Antwort gibst, dann will ich dir folgen und ein heiliges Leben führen.«

Der Buddha schüttelte den Kopf: »Es verhält sich anders. Wenn du sagst: Nicht eher will ich einen heiligen Wandel führen, bis der Erleuchtete mir erklärt hat ›Ewig ist die Welt‹ oder ›Nicht ewig ist die Welt‹ und bis er mir erklärt hat ›Seele und Leib sind eins‹ oder ›Seele und Leib sind nicht eins‹ und viele andere Fragen, so würdest du sterben, bevor ich dir alles erklären kann.

Das ist zu vergleichen mit einem Mann, der von einem Giftpfeil getroffen worden ist, und seine Angehörigen hatten einen Arzt herbeigerufen. Jener Mann aber sagte: ›Nicht eher werde ich diesen Pfeil von dir herausziehen lassen, bis ich den Mann kenne, der mich verwundet hat, bis ich weiß, wie er heißt, bis ich weiß, aus welcher Kaste und Familie er ist und welche Körpergröße und Hautfarbe er hat, bis ich die Beschaffenheit des Bogens, der Sehne und des Pfeils kenne, bis ich weiß, woher das Gift stammt. Dann erst werde ich mir den Pfeil von dir herausziehen lassen.‹ Bevor der Mann dies alles festgestellt haben könnte, wäre er längst gestorben.

So also ist es auch mit dir. Mögest du das, was ich erkläre, als erklärt hinnehmen, das aber, was ich nicht erkläre, als nicht erklärt. Denn ich habe es nicht erklärt, weil es nicht zweckdienlich, nicht nützlich, nicht hilfreich ist, weil es nicht zum heiligen Wandel gehört und weil es nicht zur Weltentsagung, zur Leidenschaftslosigkeit, zur Erkenntnis, zum Nirvana führen kann.

Nicht Fragen also sind wichtig, nicht Antworten in dieser oder jener Richtung, sondern allein das Leben nach der Lehre. Der führt zur Erkenntnis und zur Erlösung. Beschreite diesen Weg.«

Der Frager verstummte. Dann aber stand er auf, verneigte sich kurz und verschwand schnell zwischen den Bäumen. Er würde wohl weiter seinen Fragen und Gedanken nachsinnen, aber ein Leben nach der Lehre des Buddha, das war nicht nach seinem Geschmack.

Und wie war es mit mir? Würde ich mir vom Buddha, dem Lehrer und Arzt, den giftigen Pfeil aus dem Körper ziehen lassen, der in mir steckt? Würde ich gegen die Gifte von Begierde, Hass und Unwissenheit vorgehen und mir helfen lassen, sie zu besiegen? Würde ich den heiligen

Weg beschreiten können? Wieder stand vor meinem inneren Auge ein großer Berg, der unüberwindbar schien, nicht zu besteigen, so groß und gewaltig. Sollte ich mich wirklich für diesen schweren Weg entscheiden?

Der Buddha sah mich an: »Sei gegrüßt, Ananda«, sprach er mich an. »Sieh die Brahmanen an. Sie lehren Pfade, die sie selbst nicht kennen noch sehen und sagen dennoch ›Dies ist der einzige richtige Pfad‹. Sie gleichen einer Reihe von Blinden, von denen sich jeder an den vor ihm klammert und von denen der Erste nichts sieht und der Mittlere nichts sieht und der Letzte nichts sieht – so ist es mit diesen Brahmanen.«

»Sei gegrüßt, Erhabener, Wohlergehen und Gesundheit seien mit dir.«

»Schritt für Schritt, Ananda, sollst du die Lehre hören; nicht alles auf einmal will ich dir künden. Denn sonst gleichst du der jungen, unbändigen Kuh, die von Begierde veranlasst und ohne Kenntnis der Gebirgspfade und der ungewohnten Kräuter ins Gebirge stürmt. Wenn sie ihren Weg nicht Schritt für Schritt und besonnen zurücklegt, wenn sie sich durch Gier und Neugier getrieben in die Ferne treiben lässt, dann wird sie ihr Ziel nicht erreichen, noch heil zu ihrem Ausgangspunkt zurückkehren können. So also gehe auch du Schritt für Schritt, höre Stück für Stück die rechte Lehre.«

»Drei der vier edlen Wahrheiten, o Erleuchteter, hast du mir bereits mit guten Worten mitgeteilt: die edle Wahrheit vom Leiden, die edle Wahrheit von der Entstehung des Leidens, die edle Wahrheit von der Aufhebung des Leidens. So sprich nun weiter zu mir, wie ich dieses Ziel erreichen kann. Welchen Pfad kann ich beschreiten, um das Leiden für mich endgültig zu überwinden und zur Erleuchtung zu gelangen?«

»Dies, Ananda, dies, ihr Mönche, ist die vierte edle Wahrheit:

Dies ist die edle Wahrheit
von dem zur Leidensaufhebung führenden Wege,
es ist dieser achtfache Pfad, nämlich:
rechte Ansicht,
rechter Entschluss,
rechte Rede,
rechtes Verhalten,
rechter Lebensunterhalt,
rechte Anstrengung,
rechte Achtsamkeit,
rechte Meditation.«

Der Buddha ließ seine Worte verklingen. Niemand sagte etwas, aber ich sah, wie einige Mönche die Lippen bewegten, die Schritte des achtfachen Pfades wohl für sich wiederholten, um sie sich einzuprägen. Eine Weile saßen wir schweigend, das Zwitschern und Tschilpen einiger Vögel in den Kronen der Banyanbäume waren die einzigen Geräusche. Was heißt das alles, fragte ich mich. Was bedeuten diese acht Weisungen, wie kann man sie umsetzen?

»Schwer verständlich, Herr, sind mir deine Worte«, hob ich vorsichtig an. »Erläutere sie mir und zeige mir, was das heißt: rechte Ansicht und rechter Entschluss, rechtes Reden und rechtes Verhalten.«

»Gut, Ananda, was also ist der erste Teil des achtfachen Pfads, was ist rechte Ansicht? Wenn ein Mensch Vertrauen zum Buddha gewonnen hat, wenn er bereit ist, sich zu ihm zu gesellen und ihn zu hören, dann wird er schon bald zur rechten Erkenntnis gelangen. Er wird die vier edlen Wahrheiten hören und aufnehmen, bedenken und für sich als gültig erklären. Das also ist die rechte Ansicht: mit den vier Wahrheiten vertraut sein, Kenntnis zu haben vom Leiden, von seiner Ursache, seiner Aufhebung und vom rechten Weg dorthin. Bemühe dich also um die rechte Ansicht.«

Die edlen Wahrheiten, die der Buddha mir in der letzten Woche genannt hatte, leuchteten mir immer mehr ein: Die Welt war wirklich vom Leiden bestimmt und Gier, Hass und Unwissenheit waren die Ursache dafür. Also blieb nichts anderes übrig, als gegen diese drei Grundübel anzukämpfen, wenn man das Leiden überwinden wollte. Ich nickte und zeigte dem Buddha durch mein Schweigen, dass ich den ersten Teil des Pfades verstanden und angenommen hatte.

»Was also ist nun der zweite Teil des achtfachen Pfades, was ist rechter Entschluss, Ananda? Nicht das Wissen allein genügt, um das Heil zu erlangen. Ein Mensch kann das umfangreichste Wissen aufnehmen, kann auf viele Fragen Antworten geben und dennoch vom Leiden umfangen und gefesselt sein. Nein, Ananda, nach der rechten Ansicht muss mehr kommen, ein zweiter Schritt ist der rechte Entschluss: Entschließe dich, mit aller Kraft der Welt zu entsagen, ihrer Gier, ihrem Hass, ihrer Unwissenheit. Entschließe dich, gegenüber allen Wesen Güte zu hegen und niemandem zu schaden. Höre also nicht nur vom heilsamen Weg, sondern beschreite ihn. Bemühe dich um den rechten Entschluss!«

Das war genau der Punkt, über den ich die ganze Woche gegrübelt hatte. Alles, was ich vom Buddha gehört hatte, führte immer wieder darauf hinaus: Du musst dich jetzt entscheiden! Willst du so weiterleben wie bisher? Willst du umfangen sein vom Leben am Fürstenhof, gefesselt von den oberflächlichen Vergnügungen des guten Lebens in Reichtum und Wohlstand, willst du gefangen sein von deinen Begierden, getrieben vom Wunsch nach Macht und Geltung, eingebunden in Ketten von

Hass und Neid? Willst du das? Oder kannst du dich für einen radikalen Schnitt entscheiden, kannst du neu anfangen? Kannst du dem Buddha folgen?

Deutlicher als bisher wurde mir bewusst: Der Buddha stellt mich vor eine Entscheidung. Er zwingt mich nicht einfach dazu, fragt auch nicht direkt nach, aber er führt mich langsam und vorsichtig, Schritt für Schritt und ohne mich zu überfordern immer mehr an die Entscheidung heran, an die grundsätzliche Entscheidung meines Lebens. Ich sah mich vor einer Wegkreuzung, ein Pfad ging leicht und flach in die Ferne, der andere schien schwer und steinig hinaufzusteigen.

»Wenn du die Wahl hast zwischen zwei Pfaden, wähle den schwierigeren. Die Erlösung vom Leiden gibt es nicht geschenkt.«

»Wie aber verläuft dieser schwierige Pfad? Was ist zu beachten, wenn ich die rechte Entscheidung treffe? Wie lebt ein Mensch, der den Worten des Buddha nicht nur vertraut, sondern mit seiner Lehre an sich arbeitet?«

»Dreifach muss ein solcher Mensch an sich arbeiten. Mit rechter Rede, mit rechtem Verhalten, mit rechtem Lebensunterhalt. Ein solcher Mensch wird wahrlich ein Jünger des Buddha genannt werden.«

»Was also ist rechte Rede, Herr?«

»Einfach, Ananda, ist die rechte Rede zu erklären. Nicht lügen, nicht beleidigen, nicht übel nachreden, kein falsches Zeugnis geben, kein leeres Geschwätz ertönen lassen. Dagegen gute und heilsame Rede, wohlwollende und gütige Rede, aufbauende und hilfreiche Rede, zur Erkenntnis führende Rede – das ist rechte Rede, so redet ein Jünger des Buddha.«

»Ich will dies beachten. Was aber ist rechtes Verhalten?«

»Schon schwieriger ist ein Verhalten zu erklären, das der Jünger des Buddha leben soll. Denn umfangreich muss sein Bemühen sein, umfassend seine Anstrengung, Wohlwollen zu pflegen und Schaden zu vermeiden. Ananda, fünf Gebote will ich dir und den Mönchen auf den Weg geben, fünf Gebote für ein rechtes Verhalten.

Wer ein Jünger des Buddha sein will, der muss sich von allem Töten fernhalten, der muss abstehen vom Verletzen und Schädigen. Er muss Leben schonen und bemüht sein um die Haltung des Mitleids gegenüber allen Wesen, muss Freundlichkeit pflegen und Mitfreude. Nicht schroff und verletzend, nicht unfreundlich und von Hass erfüllt, sondern durchstrahlt von Güte und Mitleid muss ein Jünger des Buddha sein.

Wer ein Jünger des Buddha sein will, der muss sich vom Stehlen fernhalten, der muss abstehen vom Nehmen dessen, was ihm nicht gegeben wurde. Er muss gegen Begehrlichkeit kämpfen, darf Diebstahl und Raub nicht billigen. Vielmehr durchstrahlt von Großzügigkeit und Freigebigkeit muss ein Jünger des Buddha sein.

Wer ein Jünger des Buddha sein will, der muss sich von aller Ausschweifung fernhalten, der muss abstehen von Ehebruch und Unreinheit, von Begierde und Lüsternheit. Rein wie eine Lotosblüte muss sein Geist sein, bestrebt zur Vollendung zu gelangen. Unterscheide hier aber, Ananda, zwischen denen, die in Häuslichkeit leben und Frau und Kind ihr eigen nennen, und jenen, die als Mönche hauslos sind und die nichts von dem besitzen dürfen. Durchstrahlt also von geistiger Kraft und Reinheit muss ein Jünger des Buddha sein.

Wer ein Jünger des Buddha sein will, der muss sich fernhalten von aller Lüge und rohen Sprache, der muss abstehen von Geschwätz und Klatsch, von Unfreundlichkeit und unnützem Gerede. Bemüht sein muss ein solcher um Wahrhaftigkeit und überlegte Rede, ansonsten soll er schweigen, nur heilsame Worte kommen aus seinem Mund. Durchstrahlt also von Wahrheit und Einsicht muss ein Jünger des Buddha sein.

Wer ein Jünger des Buddha sein will, der muss sich von allem Berauschen fernhalten, der muss abstehen vom Rauschgetränk, von allem, was den Geist verwirrt und unklar macht. Nicht Rausch und Wahn, sondern Besonnenheit, Sammlung und Konzentration sind dem Jünger angemessen. Durchstrahlt also von hellem, klarem Bewusstsein muss ein Jünger des Buddha sein.

Solcher Art also ist rechtes Verhalten, Ananda: Nicht verletzen, nicht nehmen, was nicht gegeben wird, nicht Ausschweifung treiben, nicht lügen, nicht berauschen. Vielmehr mitleidig sein, großzügig, beherrscht, wahrhaftig und mit klarem Bewusstsein den Pfad beschreiten – das ist rechtes Verhalten.«

Wenn die Menschen so zusammenleben würden, wie der Buddha es hier in wenigen Worten schilderte, wirklich, Gier, Hass und Verblendung wären überwunden. Ich stellte mir eine Welt vor, in der die Gebote des Buddha von allen beherzigt würden – ob das wohl möglich ist? Aber dann kam ich wieder zu mir zurück: nicht die Welt verändern, sondern mich verändern, das ist meine Aufgabe, das ist meine Entscheidung, das ist mein Entschluss.

»Was nun«, hörte ich den Buddha wieder, »ist rechter Lebensunterhalt? Nichts anderes ist dies als ein Beruf und ein Lebensunterhalt, der dem rechten Verhalten entspricht: also kein Leid verursacht, kein Leben schädigt, kein Wesen quält. Nicht Waffen trägt der Jünger noch Gift noch Stock. Nicht Schlächter ist der Jünger, noch Fallensteller, Jäger,

Vogelfänger, Räuber oder Henker. Vielmehr ist er tüchtig, hat Umgang mit guten Menschen und schützt sich und andere Wesen.«

»So also will ich leben, zu leben versuchen: mit rechter Rede, rechtem Verhalten, rechtem Lebensunterhalt. Doch führt all dies, führt ein solches Bestreben denn zur Erleuchtung, zur tiefsten Erkenntnis?«, fragte ich weiter.

»Nicht kommt die Erkenntnis von allein, wenn du all dies anstrebst. Mehr noch ist nötig für wahre Einsicht. Doch ohne solches Streben wirst nie du Erkenntnis erlangen, Ananda. Voraussetzung ist dies alles: die rechte Ansicht, der rechte Entschluss, die rechte Rede, das rechte Verhalten, der rechte Lebensunterhalt. Dann aber kommt ein Dreifaches für dich hinzu: rechte Anstrengung, rechte Achtsamkeit und rechte Meditation. So erst gelangt der achtfache Pfad an sein Ziel."

„Was nun ist rechte Anstrengung?«

»Wer sich um rechte Anstrengung bemüht, zügelt seine Sinne. Er achtet darauf, dass er nicht erregt wird, dass er sich gleichmütig und ruhigen Sinnes beherrscht. Er kämpft in seinem Innern an gegen unheilvolle Regungen, achtet darauf, von den fünf Hindernissen frei zu werden, die da sind: sinnliche Begierden, Schadenswille und Hass, Trägheit und Verschlafenheit, Eitelkeit und Geringschätzung anderer, Zweifel und Wanken im Bemühen. Wer sich so anstrengt, der stärkt die guten Geistesregungen, überwindet die inneren Feinde, läutert seinen Geist und kommt völlig zur Ruhe. Das wiederum ist die Voraussetzung für Achtsamkeit und Meditation.«

Das rechte äußere Leben, dachte ich, ist demnach nur eines, jetzt geht es darum, das innere Leben zu ordnen. Wer nach außen hin frei ist von Gier, Hass und Verblendung, muss nun darauf achten, dass in seinem Inneren nicht neue unheilvolle Gedanken entstehen, neue unheilvolle Gefühle wach werden, neues Wünschen zustande kommt, der Kreislauf des Leidens von innen heraus neu beginnt.

»Die rechte Achtsamkeit schließlich, der siebte Teil des achtfachen Pfads führt die Anstrengung noch tiefer. Wie ein Reiter sein Pferd beherrscht, es durch die Zügel steuert, es antreibt und ihm die Richtung weist, so muss der Geist den Körper beherrschen, ihn steuern, antreiben und ihm die Richtung weisen. Alles, was im Körper geschieht, jede Regung und Bewegung muss ins Bewusstsein gehoben und in geistiger Klarheit betrachtet werden. Alles unterliegt der Kontrolle des Geistes, dann wird der Mensch frei für den letzten Schritt, für den der Meditation in ihren vier Stufen und der tiefen Versenkung, für den achten Schritt, der hinführt zur Erleuchtung.

Doch darüber, Ananda, ein anderes Mal mehr.«

Es stimmte, für heute war es viel, was er mir zugemutet hatte. Der achtfache Pfad barg eine Fülle von Aufgaben in sich, an denen ich erst arbeiten musste. Vor allem aber galt es zu einer grundsätzlichen Entscheidung zu kommen: Wie wollte ich mein Leben weiter gestalten, welchen Weg wollte ich gehen, den Pfad ins flache Land oder den steilen Pfad bergauf?

Ein Letztes gab mir der Buddha noch mit auf den Weg: »Was meinst du wohl, Ananda, wozu taugt ein Spiegel?«

»Um sich zu betrachten taugt ein Spiegel.«

»Ebenso soll man sich, Ananda, betrachten, bevor man Gedanken hegt, betrachten, bevor man Worte spricht, betrachten, bevor man Taten begeht, betrachten, bevor man eine Entscheidung trifft. Denke also bei deinen Gedanken, bei deinen Worten, bei deinen Taten, bei deinen Entscheidungen daran: Wird mich all dies beschweren oder erleichtern, wird dies mir unheilsam sein oder heilsam, wird dies mir Leiden bringen oder Wohl? Wenn du dich so betrachtet hast, dann geh hin und handle.«

»Ja, das werde ich tun, Erhabener, aufmerksam mich betrachten und dann entscheiden.«

»Und denke daran, Ananda, was Buddhas lehren:

Von allem Bösen abzustehn,
das Heilsame zu mehren,
auf Läuterung des Geists zu sehn:
Das ists, was Buddhas lehren.

Wie das große Meer nur einen Geschmack hat, den des Salzes, so hat diese Lehre nur einen Geschmack, den Geschmack der Erlösung.«

Ich stand auf, verneigte mich vor dem Buddha und vor den Mönchen und ging meinen Weg zurück in die Stadt. Wie sollte ich mich entscheiden? Würde mir der nächste Tag Klarheit bringen?

Die Familie des Buddha

»Buddha« ist kein Eigenname, sondern ein Ehrentitel, der nach der Erleuchtung zugesprochen wurde. Der Name des Buddha ist Siddhartha (Sanskrit) oder Siddhattha (Pali). Er stammt aus der Familie Gautama und dem Geschlecht der Shakya. Deshalb wird er später auch Buddha Shakyamuni genannt, um ihn von Buddhas anderer Weltzeitalter abzugrenzen.

Buddhas Vater hieß Shuddhodana Gautama, seine Mutter Maya. Siddhartha heiratete Yashodara aus der Familie der Dandapanis. Sie wird in buddhistischen Texten auch Gopa oder Bimba genannt. Mit ihr hatte er einen Sohn, Rahula, der schon als Kind seinem Vater nachfolgte und Mönch wurde.

Im großen Bild zeigt Yashodara ihrem Sohn den Buddha. Rahula erhält anschließend das Mönchsgewand. Zwei Bilder aus dem Wat Doi Suthep, Chiang Mai, Thailand, zeigen die Aufnahme Rahulas in die Sangha, die Mönchsgemeinschaft, und wie Vater und Stiefmutter des Buddhas ihm Gaben bringen und so verehren.

Das Buddhabild

In der ersten Zeit wurde Buddha noch nicht als Statue dargestellt. Lediglich Symbole verwiesen auf den zu verehrenden Buddha: eine Lotosblüte, ein leerer Thron, ein Rad als Hinweis auf seine Lehre, ein Fußabdruck als Zeichen seiner Gegenwart und schützenden Nähe.

Erst etwa 200 vor der Zeitenwende entstand in der buddhistischen Universitätsstadt Taxila (im heutigen Pakistan westlich von Islamabad) das Bildnis des Buddha. Dort waren nach dem Eroberungszug Alexanders des Großen griechische Künstler geblieben, die ihre Vorstellung von der Darstellung der Götter auf Buddha übertrugen. Von Taxila aus gelangte das Buddhabild mit Veränderungen nach Indien, über die Seidenstraße auch nach China.

Komm, Mönch,
wohlverkündet ist die Lehre,
führe ein Leben in Reinheit,
um dem Leiden ein völliges Ende zu bereiten.

Das Erwachen des Buddhas

Am nächsten Morgen musste ich im Auftrag des Raja zu einigen Dörfern im Norden reisen, um den Transport von Getreide in den neu gebauten Speicher sicherzustellen. Schon früh ritt ich los, die Sonne war gerade über dem Horizont erschienen, noch war es angenehm kühl. So kam ich rasch vorwärts, das Pferd aus den Ställen des Raja war gut und stark. Die Verhandlungen mit den Dorfältesten gingen schnell vonstatten, die Abgaben waren seit Jahren geregelt und mussten nur bestätigt werden.

So hatte ich auf dem Rückweg Zeit und konnte einen Umweg durch den Sarava-Wald machen, der nordöstlich von Kapilavastu liegt. Hier lebten wie seit eh und je eine Reihe von Asketen. Früher waren Siddhartha, Anuruddha und ich öfter hierher geritten, hatten den Kopf geschüttelt über die seltsamen Gestalten, die sich in diesem Wald versammelt hatten, hatten aber ebenso den Worten manch eines der Asketen gelauscht, um herauszufinden, was seine Lehre war und ob sie uns etwas sagen konnte. Der Sarava-Wald war so etwas wie ein Marktplatz für geistige Güter, für religiöse Vorstellungen, neue Ideen, wie Erleuchtung und Erlösung zu erlangen sind. Ich erinnerte mich, dass Siddhartha schon damals von vielen dieser asketischen Gestalten beeindruckt war, aber wenn er sie dann angehört hatte, ebenso schnell enttäuscht, weil ihre Lehren seinen Fragen nicht standhielten.

Ich ritt langsam zwischen den hohen Bäumen, der Weg war von den Holzrädern der schweren Ochsenkarren holprig. Immer wieder traf ich auf Asketen, auf Männer, die bei mir wegen ihrer Eigenarten Verwunderung hervorriefen. Sie versuchen, mit allen Mitteln Erkenntnis zu erzwingen, dachte ich, ohne Rücksicht auf ihren Körper und ihre Gesundheit, gegen alle Sitten und Gewohnheiten der Menschen; sie versuchen, das Heil zu erzwingen. Ob das gelingen kann?

Aus einem Busch am Wegrand kam Hundegebell, dann raschelte es und ein nackter Asket kam auf allen Vieren aus dem Busch gekrochen, winselte und rollte sich dann vor meinem Pferd auf dem Boden zusammen wie ein Hund. Ich hatte noch nie verstanden, wie solche Hundeasketen durch solches Tun Erlösung erlangen wollten. Auch die anderen, die Kuhasketen, blieben mir unverständlich. Diese banden sich Kuhhörner um, steckten sich einen Kuhschwanz an und lebten inmitten von Rinderherden. Ich drückte meinen Unwillen mürrisch aus: »Aus dem Weg, du Narr!«, doch musste ich mein Pferd um den zusammengekauerten Mann herumlenken.

Ein wenig weiter sah ich einen anderen Asketen mit zottigem Bart, der hier schon lange auf einem, dem rechten Bein stand. Den ganzen Tag verbrachte er in dieser Haltung, die Hände über dem Kopf gefaltet, nur mit einem weißen Lendenschurz bekleidet. Einige mitleidige Dorfbewohner brachten ihm hin und wieder ein wenig Essen. So verhungerte er nicht, war aber trotzdem bis auf die Knochen abgemagert. Fliegen umschwärmten ihn, er war ein Bild des Elends, keineswegs des Heils und der Erlösung.

»Warum tust du das?«, hatte ich ihn vor einiger Zeit einmal gefragt. »Was versprichst du dir von deinem Tun?«

»Nicht der Körper ist wichtig«, gab er mir zur Antwort. »Im Gegenteil, der Körper muss absolut unterworfen werden, damit der Geist frei wird.«

»Und – ist dein Geist frei geworden in den Jahren, die du hier stehst?«

»Ich bin auf dem Weg«, stöhnte der Asket, »noch lange nicht am Ziel. Noch spüre ich meinen Körper. Aber es wird die Zeit kommen, da spüre ich ihn nicht mehr, da bin ich nur noch Geist, und dann bin ich frei für die tiefste Erkenntnis, dann finde ich Erleuchtung.«

»Na, dann bleib stehen«, konnte ich mir nicht verkneifen, als ich mich abwandte. Seitdem hatte ich ihn noch mehrfach gesehen, aber nicht mehr mit ihm gesprochen. Ob er inzwischen auf seinem Weg zur geistigen Klarheit Fortschritte gemacht hatte?

Wir hatten damals oft über diese Asketen diskutiert, über die Einsiedler, über die Magier, über die grässlich anzuschauenden Männer, die sich selbst verstümmelt hatten, oder über die skurrilen Fledermausasketen, die tagsüber wie Fledermäuse mit dem Kopf nach unten von Baumästen hingen. Manches davon fanden wir nur lächerlich, aber dennoch erstaunte und verblüffte uns der Ernst, mit dem diese Männer ihrem Ziel nachgingen. Sie hatten alles verlassen, Frau und Kinder, Besitz, oft sogar Reichtum, lebten nun armselig im Wald, immer gefährdet durch wilde Tiere, durch Krankheiten, durch Hunger. Und trotzdem, sie ließen sich durch nichts von ihrem geistigen Ziel abbringen.

»Sie haben ein Ziel ins Auge gefasst«, hatte Siddhartha damals gesagt, »aber ob ihr Weg der richtige ist?«

»Solche Wege können nicht richtig sein, Siddhartha, das ist nur Quälerei, die keinen geistigen Fortschritt und keine Erkenntnis bringt.«

»Vielleicht muss man einen ganz neuen Weg suchen, einen Weg, der direkt zur Erleuchtung führt«, war Siddharthas Antwort damals gewesen. Und lange hatte er da gesessen, mit versonnenem, in die Weite gehendem Blick.

All das stand mir wieder vor Augen, als ich durch den Sarava-Wald ritt und die eigenartigen Gestalten unter den Bäumen sah. »Vielleicht muss man einen ganz neuen Weg suchen.« Ob Siddhartha wirklich einen neuen, richtigen Weg gefunden hatte? Ich musste Shariputra und Maudgalyayana einmal fragen, wie das mit dem Weg des Buddha gewesen war. Sie konnten mir sicher viel dazu berichten.

Sobald ich das Pferd in den Stall zurückgebracht hatte, ging ich wieder durch das Osttor in den Nigrodha-Wald. Es waren nur wenige Mönche da, doch traf ich bald auf Anuruddha, Shariputra und Maudgalyayana, die in ein tiefes Gespräch vertieft waren.

»Was nun sind die vier Stufen der Meditation?«, hörte ich Anuruddha sagen, als ich mich zu den Mönchen auf den Waldboden setzte. »Wie gliedert sich der letzte Schritt des achtfachen Pfades?«

An dieser Stelle hatte der Buddha am Vortag mit seiner Belehrung aufgehört, so wollte auch ich gerne wissen, was die beiden Begleiter des Buddha dazu sagen würden.

»Vier Schritte sind es, Anuruddha, vier Schauungen, die die rechte Meditation ausmachen«, antwortete Maudgalyayana.

»Wenn rechte Anstrengung und rechte Achtsamkeit vorliegen, dann ist der Mönch fern von jeder Begierde und fern von unheilsamen Dingen. Solcherart fern von allem Unheilsamen zu sein – das ist die erste Schauung.

Wenn er sich so vom Unheilsamen entfernt hat, dann wird der Mönch sich bemühen um innere Meeresstille, um die Einheit des Gemüts, um innere Ruhe und Heiterkeit, die von allen Gedanken und Gefühlen frei ist – das ist die zweite Schauung.

Eine solche innere Ruhe dann führt zu einem inneren, stillen Glück, zu einem klaren Bewusstsein und schließlich zu Gleichmut – das ist die dritte Schauung.

Nicht nur von Leiden und Unheil steht der Mönch bei der vierten Schauung ab, sondern nun auch von Freude und Beglückung. Leidloser und freudloser Gleichmut, innere Regungslosigkeit, vollständige und vollkommene innere Ruhe ohne jede Gemütsbewegung – das ist die vierte Schauung.

Wer aber dies erreicht, Anuruddha, der wird frei für die Erleuchtung. Wer all dies erreicht, wer den achtfachen Pfad bis zum Ende geht, der hat alle Voraussetzungen geschaffen, die Erlösung zu erlangen und bereits zu Lebzeiten ins Nirvana einzugehen, in das Verlöschen der leiderzeugenden Triebe, in das Auflösen von allem, was die Bindungen an diese Welt ausmacht, er kommt zur Ruhe. Wie eine Flamme erlischt, wenn es kein Öl mehr zum Verbrennen gibt, so verlischt derjenige, der sich endgültig von Begierde, Hass und Verblendung befreit hat.«

Wir saßen eine Weile schweigend, sannen den Worten Maudgalyayanas nach. Dann wagte ich mich vor mit der Bitte: »Erzähle doch, Shariputra, wie das war mit dem Weg des Buddha. Hat er das alles sofort wissen können? Oder wie hat er zu seinem Ziel gefunden?«

»Maudgalyayana und ich sind ja erst nach seiner Erleuchtung zum Buddha gekommen, erst in der Königsstadt Rajagriha trafen wir auf ihn. Doch wir haben viel mit seinen ersten Jüngern gesprochen, die mit ihm schon vor seiner Erleuchtung zusammen waren. Besonders Kaundinya hat uns viel erzählen können. Er stammt ja auch aus Kapilavastu, ist Sohn eines Brahmanen dieser Stadt und hat das Opferfeuer der Brahmanen gehütet, bevor er in die Hauslosigkeit zog und Asket wurde. Er wusste über den Weg des Buddha sehr gut Bescheid. Höre, was ich von ihm erfahren habe:

Als Siddhartha aus Kapilavastu weggegangen war, suchte er einen Lehrer, der ihm die wahre Einsicht vermitteln konnte.

Er traf auf einen alten Meister, auf Arada Kalama, und sprach zu ihm: ›Ehrwürdiger Meister Arada, ich möchte nach deiner Ordnung das Asketenleben führen, ich möchte dein Schüler sein.‹ Und Kalama nahm ihn gerne auf. Doch Siddhartha begriff schon nach kurzer Zeit die Lehre des Arada Kalama und merkte, dass sie ihm nicht weiterhalf auf seinem Weg zur Erkenntnis. Er lernte bei ihm Methoden der Meditation, aber nur äußerlich, einen Inhalt, der ihm weiterhalf, erfuhr er bei Kalama nicht. So zog er bald wieder weiter.

Schon nach kurzer Zeit traf er auf einen anderen Lehrer, auf Udraka Ramaputra. Wieder geschah das Gleiche: Siddhartha lernte schnell, erfuhr viel von dem, was Brahmanen wissen und über das göttliche All-Eine lehren, aber einen Weg, das Leiden zu überwinden, fand er auch bei Udraka nicht. Wieder zog er weiter.

Nun suchte er nicht länger nach neuen Lehrern. Selber wollte er einen Weg finden, sich selber Meister sein. Strenges Asketentum sollte ihm dabei helfen. Siddhartha wanderte weiter und kam zum Ort Uruvilva. Schön war der Ort, am Fluss Nairanjana gelegen. Weite Felder erstreckten sich über das Land, von Wegen durchzogen, die zu kleinen Dörfern führten. Hier war ein guter Platz. Der Buddha hat selber davon erzählt:

›Dort sah ich einen entzückenden Fleck Erde: einen heiteren Waldesgrund, einen hell strömenden Fluss, zum Baden geeignet, erfreulich, und rings umher Wiesen und Felder. Da kam mir der Gedanke: Entzückend ist dieser Fleck Erde. Das ist wohl ein Ort, der einem Asketen genügt.‹

An dieser Stelle versuchte Siddhartha, mit verschiedenen asketischen Methoden die Erleuchtung zu erzwingen. Genau wie die vielen Asketen, die überall im Land waren, probierte er eine Methode nach der anderen aus. Er saß lange Zeit mit aufeinandergepressten Zähnen und die Zunge an den Gaumen gedrückt. Doch nach einiger Zeit nahmen die Schmerzen überhand und er beendete das.

Dann wiederum hielt er den Atem an, so lange er konnte. Aber auch das verschaffte ihm keine Ruhe, vielmehr wehrte sich sein Körper, das Blut pochte im Kopf und dieses Pochen und Sausen ließ keinen Raum für besinnliche Gedanken.

Dann versuchte er sich als Hungerasket, nahm jeden Tag nur noch so viel Nahrung zu sich, wie in eine hohle Hand passt, Reis oder ein wenig Bohnen oder Linsen. Sein Körper wurde mager. Er selber hat uns das einmal so beschrieben: ›Wie dürres, welkes Rohr wurden da meine Arme und Beine durch diese äußerst geringe Nahrungsaufnahme, wie ein Kamelhuf wurde da mein Gesäß, wie eine Kugelkette wurde mein Rückgrat mit den hervor- und zurücktretenden Wirbeln, wie sich die Dachsparren eines verlassenen Hauses querkantig abheben, hoben sich meine Rippen querkantig ab. Und indem ich meine Bauchdecke befühlen wollte, traf ich auf das Rückgrat, so nahe waren Bauchdecke und Rückgrat gekommen. Doch nicht Ruhe erlangte ich durch all das, sondern Schmerzen und brennende, bittere, unheilvolle Gefühle – nicht geeignet für den Weg zur Erleuchtung.‹

Die strenge Askese hatte fünf Männer um Siddhartha versammelt, Kaundinya war einer von ihnen. Siddharthas angestrengtes Bemühen faszinierte sie ebenso wie seine tiefsinnigen Gedanken. Ihn wollten sie beobachten, um dann seinem Weg zu folgen, wenn er zur Erleuchtung kam.«

»Allein, es kam ganz anders«, setzte Maudgalyayana die Erzählung seines Freundes fort. »Der Erhabene spürte bald, dass der Weg des Hungers ihn nicht weiterführen würde: ›Nicht leicht kann das Glück der Erlösung erreicht werden mit so außerordentlich entkräftetem, mit solch schwachem Körper; wie, wenn ich nun wieder feste Nahrung zu mir nähme, gekochten Reisbrei?‹

Ein Mädchen aus dem benachbarten Dorf, Sujata, kam mit einer Schale Reisgrütze und reichte ihm ihre Gabe. Und der Erhabene nahm wieder Nahrung zu sich und kam zu Kräften.«

»Die fünf anderen Asketen aber«, Shariputra lachte, »waren so entsetzt über den Rückfall ihres Anführers in so weltliche Dinge wie Essen, dass sie den Erhabenen empört verließen und fluchtartig das Weite suchten. Erst später, im Gazellenhain von Rishipatana bei Varanasi, traf er sie wieder.

Der Erhabene blieb noch einige Tage dort und ließ sich von Sujata mit Essen versorgen, bis er wieder ganz zu Kräften kam. Dann machte er sich auf, überquerte die flachen Wasser des Flusses Nairanjana, stieg auf der anderen Seite das Ufer hinauf und fand nur wenige Schritte weiter einen Platz, der für die Meditation geeignet schien: Ein großer Ashrutthabaum warf ausreichend Schatten, sodass man unter ihm während des ganzen Tages sitzen konnte, wenn die Sonne aufstieg und ihre Strahlen wanderten. Die herzförmigen Blätter des Baumes mit ihren langen Spitzen bildeten einen dichten Schirm wie das Dach einer Hütte. Mancherlei Vögel bewohnten den Baum, aber ihr Zwitschern und Pfeifen konnte einen erfahrenen Asketen nicht davon abhalten, zur Ruhe zu kommen.

Der Erhabene legte sich ein wenig Gras unter dem Baum zurecht und nahm dann den Meditationssitz ein: aufrecht mit schnurgeradem Rückgrat, die Unterschenkel übereinander gekreuzt, die Fußsohlen nach oben, die Hände im Schoß wie kleine Schalen ineinander gelegt, den Kopf gerade gehalten und den Blick unbeweglich vor sich auf die Erde gerichtet. In solcher Haltung gelangte er schnell zur inneren Ruhe, aus seinem Körper wich jede Bewegung und innere Rastlosigkeit, der Atem verlangsamte sich, wurde gleichmäßig und durchfloss den Asketen wie ein gleichmäßig dahinfließender Strom – alles so, wie der Erhabene es von seinen Lehrern gelernt hatte.

Während die Stunden des Tages vergingen, erreichte der Erhabene Schritt für Schritt die vier Schauungen der Meditation. Zuerst gelangte er zur äußeren Ruhe und Achtsamkeit und hielt sich jede Begierde, jedes Wünschen, jede unheilvolle Regung fern. Das verursachte in ihm ein Gefühl unbeschreiblichen Wohlbefindens und Glücks, das er in seinen Gedanken erwog.

In einem zweiten Schritt erloschen diese Gedanken. Jedes bewusste Nachdenken versank in einer inneren Ruhe. Wach und zugleich fernab der Welt saß er da. Das Wohlbefinden und Glück blieb als Grundstimmung dieser zweiten Schauung, aber jedes Denken wich der Konzentration auf das Innere.

Je tiefer er durch den Tag hindurch diese innere Ruhe verstärkte, desto mehr schwand nun auch das Wohlgefühl. Keine Gefühlsregung war mehr wichtig, nichts Unerfreuliches, aber ebenso nichts Erfreuliches beschäftigte ihn. Vielmehr wurde er frei von allen Gemütsbewegungen, frei für den nächsten Schritt: Nur noch klares Bewusstsein prägte den Erhabenen, als die Sonne unterging. Doch das Nachlassen der Hitze am Abend merkte er nicht, entrückt war er von seinem Körper, weitab jeder Bindung an die Welt, weitab von Gedanken und Gefühlen. Nur noch klares Bewusstsein, freud- und leidfreie Achtsamkeit waren da.

Und da, während der folgenden Stunden der drei Nachtwachen in dieser Vollmondnacht geschah es: Wie Blitze am Nachthimmel aufleuchten, so durchzogen ihn immer neue Erkenntnisse. Plötzlich wurde alles klar, fanden seine Fragen Antworten, passte eins zum anderen, ergab sich die Lehre, fand er zur Erleuchtung: Aus Siddhartha, dem Sohn des Raja von Kapilavastu, wurde der Erwachte, der Erleuchtete, der Buddha.

So hat er uns später darüber berichtet:

›In der ersten Nachtwache geschah das Folgende: Nachdem mein Gemüt beruhigt war, gereinigt und geläutert, befreit von Begierde, wandte ich mich meinen früheren Existenzen zu. Ich erkannte den Kreislauf der Wiedergeburten, erinnerte mich an frühere Daseinsformen, an ein Leben, dann an zwei, an drei, an zehn, an hundert, an tausend Leben während früherer Zeiten. Und ich erkannte, dass ich eingebunden gewesen war in diesen langen Kreislauf. Meine Unwissenheit war besiegt, das Dunkel überwunden, das Licht gewonnen.

In der zweiten Nachtwache geschah das Folgende: Nachdem mein Gemüt beruhigt war, gereinigt und geläutert, befreit von Begierde, wandte ich mich den Gedanken zu, warum das so ist, dass ein Mensch mal die eine, mal die andere Daseinsform erreicht, einmal gut, einmal elend, einmal arm, einmal reich, einmal glücklich, einmal unglücklich. Und ich sah, wie den Wesen günstige oder schlechte Wiederverkörperung zuteil wurde entsprechend ihren Taten. Die Wesen, die in schlechter Weise gedacht, geredet und gehandelt hatten, erreichten nach dem Tod eine schlechtere Wiedergeburt. Die Wesen aber, die in guter Weise gedacht, geredet und gehandelt hatten, erreichten nach dem Tod eine bessere Wiedergeburt. Ein zweites Mal war meine Unwissenheit besiegt, das Dunkel überwunden, das Licht gewonnen.

Die dritte Nachtwache schließlich führte zum Ziel: Nachdem mein Gemüt beruhigt war, gereinigt und geläutert, befreit von Begierde, wandte ich mich den Gedanken zu, wie dieser Kreislauf der Wiedergeburten durchbrochen, an sein Ende geführt, wie die Erlösung, die Erlöschung allen Leides, wie das Nirvana erlangt werden kann. Und ich verstand: Das ist das Leiden. Das ist der Ursprung des Leidens. Das ist das Aufhören des Leidens. Das ist der Weg, der zum Aufhören des Leidens führt. Ich verstand die vier edlen Wahrheiten. Die Unwissenheit war besiegt und das Licht gewonnen.

Und mehr noch, mir wurde bewusst, was diese Erkenntnis für mich bedeutet: Vollendet ist der Weg, zu seinem Ziel habe ich gefunden. Versiegt ist die Geburt, überwunden der Kreislauf der Geburten, nicht mehr ist die Welt für mich bestimmend, die Erlösung hatte ich erlangt.

In der Stunde, da die Nacht zu Ende geht und das Licht der Morgensonne aufstrahlt, hatte ich endgültig die Unwissenheit besiegt, das Dunkel überwunden, das Licht gewonnen. Aus meinem Innern brach der Ruf hervor:

Gesichert ist nun meine Erlösung!
Dies ist meine letzte Geburt,
ein Wiederentstehen gibt es für mich nicht mehr!‹«

Shariputra verstummte und auch die beiden anderen Mönche sagten nichts. Doch in ihren Gesichtern las ich ein inneres, stilles Glück, eine tiefe Freude über das, was berichtet worden war: In jener Vollmondnacht lag der Anfang der Lehre, durch seine Erleuchtung hatte der Buddha den Weg gewiesen zur Erlösung. Auch für mich?, durchdrang mich erneut ein Gedanke.

Maudgalyayana fuhr fort: »Eine Woche noch blieb der Erhabene an diesem Ort, durchdachte immer wieder neu die gefundenen Erkenntnisse. Dann entschloss er sich: ›Ich muss den Menschen diese Lehre darlegen, auch andere sollen von den vier edlen Wahrheiten hören, auch andere sollen zur Erleuchtung finden, die Erlösung erlangen.‹ Von tiefem Mitleid war der Buddha ergriffen.

Doch mit wem sollte er beginnen? Wer sollte als Erster seine Lehre hören? Ihm fielen seine beiden Lehrer, Arada und Udraka, ein. Doch als er sich zu ihnen auf den Weg machen wollte, erfuhr er von vorbeiziehenden Asketen, dass beide nur wenige Tage zuvor gestorben waren.

Nun wollte der Buddha zu den fünf Asketen gehen, die einst seine Freunde waren, sich aber enttäuscht von ihm abwandten, als er seine Hungeraskese abbrach und wieder Speise zu sich nahm. Er wusste, dass sie sich nach Varanasi aufgemacht hatten, um dort abseits der großen und lauten Stadt in einem Wäldchen namens Rishipatana ihre strenge Askese fortzusetzen.

Zwanzig Tage Fußmarsch waren es bis Varanasi. Morgens ging der Buddha durch ein Dorf, mitleidige Bewohner füllten seine Bettelschale mit ausreichend Reis und Gemüse. Nachdem er gegessen hatte, wanderte er vier, fünf Stunden, bis die Mittagshitze den Weitermarsch unmöglich machte. So ruhte er ein wenig im Schatten eines Baumes oder an einem Bach. Wenn die Hitze nachließ, meditierte er stundenlang, bis die Dunkelheit hereinbrach und er sich zur Nacht auf seine Mantelrobe unter einen Baum legte.

Nicht weit von Uruvilva entfernt zog sich der Weg durch einen lichten Wald. Hohe Bäume warfen Schatten, dazwischen trafen Sonnenstrahlen den Waldboden. Nur wenige Büsche wuchsen zwischen den hohen Stämmen. Unter einem rot blühenden Baum saß ein nackter Asket und schaute auf den Buddha, der langsam, mit gleichmäßigem Schritt herankam.

›Wer bist du?‹, fragte der Asket. ›Heiter, Bruder, ist dein Angesicht, hell deine Hautfarbe. Wer ist dein Meister, zu wessen Lehre bekennst du dich?‹

Der Buddha schaute den mageren Asketen lange an. Dann sagte er: ›Keinen Lehrer habe ich, keiner ist mein Meister. Selber bin ich mir Lehrer und Meister. Der Allüberwinder und Allerkenner bin ich, von allen Dingen ewig abgeschieden, geläutert vom Lebenswahn. Ja ich bin Herr über die Welt, ein vollkommen Erleuchteter. Ich wandre nun nach Varanasi: In finstrer Welt soll die Trommel der Todlosigkeit erdröhnen!‹

Der Asket schüttelte den Kopf und ließ sich davon nicht beeindrucken: ›Du glaubst also, Bruder, dass du der Heilige bist, der unumschränkte Sieger? Wenn es nur so wäre, Bruder!‹ Damit stand er auf, schüttelte sein Haupt, schlug einen Seitenweg ein und entfernte sich.

Der Buddha aber setzte seinen Weg fort. Mit leichtem Fuß ging er auf den kleinen Erdwällen zwischen den abgeernteten Reisfeldern, hielt sich möglichst im Schatten der Bäume, die entlang der Wege aufragten. Schließlich zog sich eine zerfurchte, sandige Ebene vor ihm hin – das in den letzten Monaten ohne Regen fast ausgetrocknete Flussbett des Son. Zwei Stunden brauchte man, um durch den Sand und durch ein paar Rinnsale hindurch an das andere Ufer zu gelangen.

Wieder führte der Weg durch Reisfelder hindurch, dann durch lichte Wälder; es war ein flaches, doch gutes und fruchtbares Land. Schließlich, kurz vor dem Ziel, gelangte der Buddha an die Ganga, den heiligen Fluss. Selbst in der trockenen Zeit war er zu tief, um hindurchzuwaten; man musste sich den Diensten eines Fährmanns anvertrauen. Mit langen Schlägen zog er die Ruder durch das gelbbraune Wasser.

Vom anderen Ufer aus war es nicht mehr weit. Der Buddha beachtete nicht die laute Stadt Varanasi auf der linken Seite mit ihren Opferstätten, dem Lärmen und Schreien der Brahmanen und Pilger, dem Blöken und Muhen der Tiere. Er wandte sich direkt nach Norden, überquerte noch den kleinen Fluss Varana und gelangte in das Wäldchen Rishipatana, den Wald der Rishis, der Weisen, der das Ziel so vieler Asketen war.

Schon bald fand er seine fünf ehemaligen Freunde, die im Halbkreis beisammensaßen und diskutierten. Sie empfingen ihn zuerst unfreundlich: ›Seht, da kommt der Asket Gautama, der sich wieder dem Überfluss hingegeben und Reis im Übermaß zu sich genommen hat. Mit vollem, gesättigtem Körper und blühenden Aussehens, goldfarbig kommt er daher. Ihm werden wir keine Begrüßung zuteil werden lassen. Einen Sitz aber mag er bei uns nehmen.‹

So sprachen sie, doch dann überwältigte sie seine hoheitsvolle, strahlende Erscheinung. Sie spürten, dass etwas Großes geschehen war. So verneigten sie sich vor ihm, nahmen ihm die Opferschale und das Obergewand ab und grüßten ihn höflich: ›Sei gegrüßt, Freund Gautama!‹

Und der Buddha begann: ›Nicht redet den Vollendeten mit dem Namen oder der Anrede Freund an. Ich bin ein Vollendeter, der vollkommen Erwachte. Hört, die Todlosigkeit, die Erlösung ist gefunden. Hört, ich lege euch die Lehre dar. Bald werdet ihr durch meine Unterweisung das Ziel erreichen, dessentwegen ihr aus dem Haus in die Hauslosigkeit gezogen seid.‹ Und der Erhabene nahm unter ihnen Platz.«

Maudgalyayana hatte lange erzählt und ich hatte atemlos seinen Worten gelauscht. So also hatte Siddhartha seinen Weg gefunden, so war er zum Erleuchteten, zum Lehrer für Götter und Menschen geworden.

»Was er die Fünf lehrte, weißt du bereits«, Shariputra nickte mir zu. »Es ist die Lehre von den vier edlen Wahrheiten, als da sind: die Wahrheit vom Leiden, von der Leidensentstehung, von der Aufhebung des Leidens und vom achtfachen Pfad.«

Die fünf Gefährten des Buddha saßen regungslos, als der Erhabene ihnen diese Worte vortrug. Dann aber, durch seine Lehre bewegt, erlangten auch sie in wenigen Tagen Erkenntnis und Wissen, erreichten das Ziel, wurden zu Heiligen, die Erlösung erlangt hatten.

Sie neigten sich vor dem Buddha. Dieser aber nahm sie als Mönche mit den Worten an: ›Komm, Mönch, wohlverkündet ist die Lehre, führe ein Leben in Reinheit, um dem Leiden ein völliges Ende zu bereiten.‹ Das war der Beginn der Sangha, der Mönchsgemeinschaft, das Rad der Lehre hatte sich zu drehen begonnen.«

Der Mahabodhi-Tempel in Bodh-Gaya (Tempel der Großen Erleuchtung) und davor der heutige Bodhibaum an der Stelle, wo Buddha zur Erleuchtung fand. Auf der rechten Seite der Eingang in den kleinen Tempelraum und das Buddhabild darin.

Bodh Gaya

Nach Lumbini als Ort der Geburt des Buddha ist Bodh Gaya (zur Zeit des Buddha Uruvilva genannt) der zweite heilige Ort für Buddhisten aller Schulrichtungen, ja unter den vier heiligen Orten (Lumbini, Bodh Gaya, Sarnath, Kushinagara) sogar der bedeutendste. Hier fand Buddha unter einem Bodhibaum zur Erleuchtung. Von hier ging er dann nach Sarnath nördlich von Varanasi, um das Rad der Lehre in Gang zu setzen. Entsprechend der Bedeutung Bodh Gayas finden sich heute im Umkreis um die Stätte der Erleuchtung eine Fülle von Tempel einzelner Nationen: Tibet, Thailand, Sri Lanka, Bhutan, Japan ...

Der wichtigste Tempel ist der Mahabodhitempel, der unmittelbar vor dem heiligen Bodhibaum errichtet wurde. Der heutige Baum stammt nicht aus Buddhas Zeiten, soll aber ein Ableger davon sein.

111

Der Bo-Baum

Eine Feigenbaumart wird Bo-Baum
oder Bodhi-Baum genannt, weil Buddha
unter einem solchen Baum zur Erleuchtung (Bodhi) fand. Der Bodhibaum ist
durch die herzförmigen Blätter leicht
zu erkennen und erinnert an Buddhas
Erleuchtung. Bo-Bäume finden sich in
vielen buddhistischen Tempel neben
dem Haupttempel und dem Stupa.

Der Erhabene möge die Lehre verkünden.
Es gibt nämlich Wesen,
die nur wenig
mit Gier, Hass und Unwissenheit behaftet sind,
wenn sie die Lehre nicht hören,
werden sie untergehen;
wenn sie aber die Lehre hören,
werden sie sie verstehen.

Unter dem Bodhibaum

Lange saßen wir schweigend, dachten nach über Siddharthas Weg, über seine Erleuchtung zum Buddha und wie er das Rades der Lehre in Gang gesetzt hat. Dann hörte ich Anuruddha:

»Mit wohl gesetzten Worten habt ihr, Shariputra und Maudgalyayana, berichtet, wie der Erhabene sein Ziel gefunden, das Nirvana zu Lebzeiten erlangt hat. Jedoch, denke ich mir, müsste man nicht das alles noch strahlender berichten, um die Menschen in den Dörfern und Städten leichter von der Größe des Buddha zu überzeugen? Müsste man nicht erzählen, wie alle Mächte der Welt, wie die Götter und selbst Mara, der Böse, sich vor ihm neigten?«

»Du hast uns bereits mit deinen Geschichten Freude gemacht, die über die Geburt des Erhabenen erzählen, Anuruddha. Wie aber würdest du jetzt über den Weg des Buddha sprechen?«, fragte Shariputra.

Ich war gespannt, was Anuruddha antworten würde. Seine Erzählkunst hatte mich immer begeistert. Wenn er über etwas sprach, konnte man sich alles deutlich vorstellen. Er versuchte, mit Steigerungen, ja Übertreibungen das Wesentliche sichtbar zu machen, gebrauchte Bildworte und Vergleiche, die auch die einfachen Leute verstanden und die wir alle gern hörten. Anuruddha war der geborene Erzähler.

»Ich weiß noch nicht so genau«, begann er. »Vielleicht war es ja so:

Als Siddhartha nach seinem Auszug in die Hauslosigkeit zu Meister Arada Kalama kam, brauchte er dessen Lehre gar nicht mit Worten zu hören. Vielmehr setzte er sich nur dem Meister gegenüber, versank in Meditation und erkannte sofort, dass dessen Lehre nicht zum Ziel führte. So verließ er ihn, kaum dass er gekommen war. Mit dem Meister Udraka Ramaputra ging es ebenso. Auch ihn verließ er sofort, nachdem er ihn und seine Lehre durch Meditation erkannt hatte.

Danach beschloss Siddhartha, sich selbst zum Lehrer zu werden. Strenger als alle anderen Asketen jemals vor und nach ihm übte er sein

Fasten. Täglich nahm er nur ein einziges Reis- oder Sesamkorn zu sich, sodass er bald bis zum Skelett abmagerte. Obwohl sein Körper bis aufs Äußerste geschwächt war, blieben sein Bewusstsein klar und sein Geist wach. Er erkannte, dass all die körperliche Anstrengung nicht zur befreienden Erkenntnis führen würde.

Das Bauernmädchen Sujata aber erhielt von den Göttern im Traum den Auftrag, dem Erhabenen Speise zu bringen. Sie schöpfte Rahm aus der Milch von tausend Kühen, vermischte ihn mit gekochtem Reis und brachte dem Erhabenen solchen wohlschmeckenden Reisbrei in einer goldenen Schale dar. So kam er, mit wunderbarer Nahrung gestärkt, sofort wieder zu Kräften, überquerte die Nairanjana und fand auf der anderen Seite des Flusses den Baum, den die Götter schon vor langer Zeit geheiligt hatten, weil der Erhabene hier zur Erleuchtung finden sollte. Auf seinem Weg dorthin hatten göttliche Wesen den Pfad gereinigt, Regenwolken ließen gut duftendes Wasser herab und alles war mit Blumen überschüttet. Selbst die Berge neigten sich zum Baum der Erleuchtung hin.

Siebenmal umschritt der Erhabene den Pappelfeigenbaum, dann ließ er sich im Lotossitz darunter nieder und sprach:

Was auch immer geschehen mag,
selbst wenn meine Haut schrumpfen,
meine Hände verdorren und
meine Gebeine sich auflösen würden,
solange ich nicht die letzte Erkenntnis gefunden habe,
werde ich diesen Ort nicht verlassen.

Da sangen die Vögel, die Götter in ihren Himmeln jubilierten und schauten voll Freude auf Siddhartha hinab, wie er im Lotossitz Platz nahm und, den Blick nach Osten gewandt, in tiefster Versenkung meditierte. Die Götter schmückten den Baum, setzten ihm Kronen auf und verzierten seine Blätter mit Goldschmuck und Glocken. Zum König aller Bäume wurde dieser Ashrattha, dieser Pappelfeigenbaum in Uruvilva.

So tief war seine Meditation, dass Siddhartha nichts mehr wahrnahm, was um ihn herum geschah. Hirtenknaben kamen und beschlossen, ihm Schabernack zu spielen, um ihn abzulenken. Sie kitzelten ihn mit Grashalmen und einem Bambusspross. Sie tuteten ihm ins Ohr und stopften ihm danach Baumwolle in die Ohrgänge. Doch Siddhartha ließ die Pfropfen in wunderbarer Weise aus seiner Nase fallen. Seine Versenkung aber wurde dadurch nicht gestört. Gleichmütig und ohne innere Regung saß er da. Selbst als die Knaben ihn aus seinem Sitz umzukippen versuchten, gelangten sie nicht an ihr Ziel und gaben alsbald auf.«

»So war der Weg frei zur Erleuchtung«, Maudgalyayana nickte Anuruddha zu.

»Noch nicht, denn jetzt begann erst die größte Versuchung. Die bösen Geister hatten sich unter der Führung ihres Fürsten Mara zusammengefunden. ›Weh‹, klagten sie, ›die Erleuchtung wird nun gefunden, zu Ende geht der Kreislauf der Wiedergeburten.‹ Mara hatte im Traum erkannt, dass Siddhartha davor stand, ein Buddha zu werden, und dass sein, Maras Reich des Bösen und der Finsternis, durch den Buddha zerstört werden würde. So versuchte er mit dämonischen Kräften, den Meditierenden abzulenken und seine Erleuchtung zu verhindern:

Riesige Ungeheuer erschienen, Dämonen im Flammenkranz mit schwarzen Körpern, Ketten mit Totenschädeln um den Hals, bekleidet mit Menschenhäuten. Ein Sturm brach los, ein Wirbelwind, und riss an dem ungerührt Sitzenden. Eine Springflut wogte über die Gipfel der Bäume hinweg. Ein Steinregen folgte, ein Regen glühender Kohlen, ein Regen von heißer Asche, ein Sandregen und ein Schlammregen. Dämonen überschütteten ihn mit einem Hagel von Geschossen, mit Pfeilen, Speeren, Felsbrocken und glühenden Kohlen. Zwei der Dämonen gar gossen einen riesigen Kübel mit Unrat über ihn aus, Giftschlangen in großer Zahl spien ihr Gift – doch all das konnte dem werdenden Buddha nichts anhaben. Alle Pfeile, alles Gift, selbst die Blitze einer Blitzschleudermaschine wurden in seiner Nähe zu leuchtenden Blüten, die sanft zu Boden schwebten. Der erste Ansturm, den Mara auf den Erhabenen gerichtet hatte, war vergeblich. Wütend ließ der Böse eine große Finsternis entstehen, alles Licht entschwand aus der Welt. Doch als die Finsternis auf den Meditierenden traf, leuchtete dieser wie eine Sonne, die Schwärze der Nacht wurde gebrochen durch sein Licht.«

»Das müsste man in einem großen Bild malen«, Maudgalyayana war fasziniert den Worten Anuruddhas gefolgt. »Vielleicht werden Mönche irgendwann ein großes Bild malen, in der Mitte der werdende Buddha unter dem Feigenbaum und rundherum die dämonischen Kräfte, die ihn bedrängen. Ihre Pfeile verwandeln sich in Blüten, ihr Dreck und Gestank in Sandelholzduft, ihre Dunkelheit in strahlendes Licht.«

»Es geht noch weiter«, Anuruddha kam in Fahrt, als er merkte, dass wir ihm aufmerksam zuhörten. Erzähler brauchen ein waches Publikum und das hatte er in uns gefunden.

»Mara sah ein, dass er mit all den dämonischen Kräften, mit Unheil und Waffen nicht zum Ziel kam, den zukünftigen Buddha zu stören. Also versuchte er es auf andere Art: Er rief seine unzähligen Töchter herbei; ihre Schönheit, ihre aufreizenden Körper sollten Siddhartha verführen.

Maras Töchter begannen, vor dem Erhabenen zu tanzen und die zweiunddreißig Verführungskünste der Frauen vor ihm zu entfalten, um so aufzeigen, dass er nach wie vor mit Begierden behaftet ist. Einige verhüllten ihr Gesicht halb, ließen nur ihre Lippen sehen, rot wie Bimbafrüchte. Einige wiesen ihre hohen festen Brüste. Einige boten ihm halbbedeckte Brüste dar, andere Hüften, um die das Gewand nur lose gegürtet war. Einige hatten zarte, durchscheinende Stoffe um ihre Hüften gelegt, einige zeigten die Schenkel zur Hälfte nackt. Einige sangen, einige tanzten, einige ließen ihre Gewänder und Schmucksachen zu Boden fallen. Einige boten sich in der Gestalt von Jungfrauen dar, andere in der Gestalt von Frauen, die noch nicht geboren hatten, andere als Frauen reiferen Alters. Alle aber luden den Erhabenen unverhohlen zu Liebesfreuden ein.

Schließlich kam auch die Göttin der Sinnlichkeit und Lust und entblößte sich vor dem werdenden Buddha. Doch vor dem durchdringenden Blick Siddharthas verwandelte sich ihr jugendlicher Leib in einem einzigen Augenblick in den Körper einer runzeligen, greisen, verwelkten Frau, die jede Anziehungskraft verloren hatte.

Auch dieser Versuch, Siddhartha zur Leidenschaft zu verführen, war fehlgeschlagen. Doch Mara gab nicht auf, zu sehr fürchtete er die Erleuchtung. Er trat nun dem werdenden Buddha persönlich gegenüber und forderte ihn ein letztes Mal heraus: ›Wenn auch Dämonen und Leidenschaften dich nicht betreffen, so bist du doch nicht selbstlos und vortrefflich. Denn nicht tust du dies für die Wesen, die gefangen sind im Kreislauf des Leidens, sondern allein für dich. Nicht Aufopferung, sondern Selbstsucht und Gier sind der Grund deines Strebens. So wirst du nie Erleuchtung erlangen!‹

Da antwortete ihm der Erhabene: ›Nicht aus Selbstsucht, nicht aus Leidenschaft, nicht aus Gier bin ich auf dem Weg. Niemand kann das behaupten. Doch ich rufe eine Zeugin herbei, die beweist, dass ich die Wahrheit spreche.‹ Und der Erhabene wies mit seiner rechten Hand auf die Erde. Da brach die Erde auf, die Erdgöttin Bhumi erhob sich aus der Erdspalte, rundherum bebte die Erde. Und Bhumi neigte sich vor dem Erhabenen mit aneinander gelegten Handflächen und bezeugte vor aller Welt, dass der Erhabene ohne Gier und Hass zur vollkommenen Erkenntnis gelangen würde.

Da musste Mara, der Böse, sich geschlagen geben. Wütend und schimpfend zog er von dannen: ›Sieben Jahre bin ich Siddhartha gefolgt auf Schritt und Tritt. Doch nicht konnte ich Zugang finden zu ihm, dem Allwachsamen.‹

Ein Regen aus Blüten aber kühlte des Erhabenen Stirn. Und schon bald darauf kam er zur Erleuchtung.«

Ein wenig erschöpft hielt Anuruddha inne. Wir lächelten über seine phantasievolle Bilderwelt, mit der er die Geschehnisse zu beschreiben versuchte.

»Was nun kannst du weiter berichten, Anuruddha? Wie war das nach der Erleuchtung, was folgte dann?«

»Sieben Tage noch blieb der Erhabene unter dem Bodhibaum und überdachte seine Erkenntnisse. Dann aber ging er zu einem Ajapala-Feigenbaum und verbrachte dort wiederum eine Woche. Einen vorbeiziehenden Brahmanen belehrte er über das wahre Brahmanentum:

›Nicht die edle Geburt, nicht Stand noch Ansehen, machen den echten Brahmanen aus. Vielmehr ist der ein echter Brahmane, der das Böse aufgegeben hat, der frei ist von Stolz und Unreinheit, der ein heiliges Leben führt.‹

Die dritte Woche schließlich verbrachte der Erhabene unter einem Mucalinda-Baum, der einige Schritte weiter an einem Lotosteich stand. Als er dort eintraf, setzten große Regengüsse ein, ein heftiger Sturm brach auf, Kälte und Dunkelheit umgaben den Buddha. Da verließ Mucalinda, der König der Schlangen seine Höhle auf dem heiligen Berg, eilte mit fließenden Windungen in wenigen Augenblicken herbei, neigte sich vor dem Erhabenen und bot ihm seine Hilfe an. Der König der Nagas rollte den hinteren Teil seines Schlangenleibs zu einem Thron zusammen und ließ den Buddha darauf Platz nehmen. Dann wand er sich siebenmal um den Leib des Buddha und beschirmte seinen Kopf mit einem Dach, das aus seinen sieben Schlangenköpfen geformt war. Ergeben sprach er: ›Es möge für den Buddha nicht mit Kälte, nicht mit Hitze, nicht mit Wind, nicht mit Bremsen, Mücken und Kriechtieren eine Berührung geben. Ich will dem Buddha Schutz gewähren.‹

So schützte Mucalinda den Buddha während der sieben Tage des Unwetters. Dann löste er seine Umschlingung und erwies dem Erleuchteten erneut seine Verehrung.

Sieben weitere Tage saß der Buddha dort und empfand das Glück der Erlösung. Da kamen zwei Kaufleute aus dem Osten mit ihrer Karawane vorbei. Sie sahen den Buddha und waren von ihm so gerührt, dass sie anhielten und ihm Opfergaben darbrachten: Reis und Honigkuchen. Doch der Buddha hatte keine Schale, um ihre Gaben entgegenzunehmen. Da eilten die vier göttlichen Welthüter aus allen Himmelsrichtungen herbei, brachten vier Steinschalen und stellten sie zu Füßen des Buddha ab. Der aber nahm die vier Schalen aus Stein und wandelte sie in eine

Schale aus Holz, in die die Kaufleute ihre Gaben legen konnten. Dabei baten sie ihn, seine Schüler zu werden, sie nahmen ihre Zuflucht zum Buddha und zur Lehre. Die beiden wurden die ersten Laienanhänger des Buddha.

Der Erwachte aber verharrte wieder in tiefer Meditation. Nun näherte sich Mara, der Böse, erneut. Er riet dem Buddha, ins nachtodliche Nirvana, in das vollständige Erlöschen nach Ablegung des Körpers einzutreten und damit alles Leiden der Welt hinter sich zu lassen. Nicht brauche er ja der Welt seine Lehre kundzutun, sein Auftrag in dieser Welt sei mit seiner Erleuchtung vollendet und beendet sei für ihn jedes Leiden und der Kreislauf der Wiedergeburten.

Und der Buddha überlegte: Sollte er mit Mühe und Anstrengung die Lehre verkünden oder sollte er den letzten Schritt tun, in das körperlose Nirvana eintreten, in das Verlöschen nach dem Tod, ohne seine Lehre weiterzugeben? Er sagte sich: ›Unter Mühen habe ich die Lehre erkannt. Was soll ich sie jetzt verkünden? Die in Leidenschaft verstrickt sind, werden sie doch nicht begreifen. Die von Finsternis Umhüllten werden diese tiefe Lehre nicht annehmen. Nur neues Leiden schaffe ich mir.‹ Und der Buddha dachte daran, dem Rat Maras zu folgen.

Das aber vernahm Brahma, der Mächtigste der Götter. Schnell wie ein Pfeil eilte er aus seinem Himmel herab auf die Erde, trat vor den Buddha und bat ihn inständig, seine Lehre den Menschen zu verkünden, das Rad der Lehre in Gang zu setzen. Nur so könne der Kreislauf der Wiedergeburten für Menschen, Tiere und Götter durchbrochen werden:

›O Herr, der Erhabene möge die Lehre verkünden.
Es gibt nämlich Wesen, die nur wenig
mit Gier, Hass und Unwissenheit behaftet sind,
wenn sie die Lehre nicht hören, werden sie untergehen;
wenn sie aber die Lehre hören, werden sie sie verstehen.‹

Da ließ der Buddha sich von den Worten Brahmas rühren und beschloss aufzubrechen, um seine Lehre zu verkünden: ›Das Tor der Todlosigkeit sei jedem aufgetan, der Ohren hat zu hören. Ich werde das edle Wort der Welt verkünden, damit der Glaube sich unter den Menschen regen kann.‹

Er brach auf, eilte nach Westen und kam in nur kurzer Zeit nach Rishipatana, wo er auf die fünf Gefährten traf, die ihn zwei Monate zuvor verlassen hatten, weil er nach der Zeit der Askese und des Fastens wieder Nahrung zu sich genommen hatte.

In ihrem Kreis ließ er sich nieder und wieder bebte die Erde. Denn der Körper des Buddha erstrahlte in leuchtendem Glanz, der den Glanz von Sonne und Mond bei weitem übertraf. Die Götter im Tushita-Himmel, die Menschen auf der Erde, die Wesen der Tierwelt, ja selbst die Hunger-geister und die Gequälten in der tiefsten Hölle, alle waren sie in diesem Augenblick von innigstem Glück berührt. Göttliche Wesen strömten aus allen Himmelsrichtungen herbei, fielen dem Buddha zu Füßen und baten ihn: ›Setze, o Erhabener, das Rad der Lehre in Bewegung! Zum Wohl aller Menschen, zum Wohl aller Götter, zum Wohl aller leidenden Wesen!‹

Da richtete der Buddha das Wort an die fünf Mönche, die sich ihm ehrfürchtig zu Füßen niedergelassen hatten. Er begann zu sprechen und setzte in diesem Augenblick das Rad der Lehre in Gang.«

Anuruddha beendete seine lange Erzählung, aber Maudgalyayana schloss sich an. »Ich erinnere mich an eine Lehrrede, die der Buddha uns einmal vortrug und die mich sehr beeindruckt hat. Er sagte damals:

›Zur Abendzeit, ihr Mönche, tritt der Löwe, der König der Tiere, aus seiner Höhle hervor. Hat er seine Lagerstätte verlassen, so reckt er sich und aufgerichtet blickt er in alle vier Himmelsrichtungen. Dann lässt er dreimal den Löwenruf erschallen. Alle Tiere aber, die den Ruf des grollenden Herrn hören, werden von Furcht, Erregung und Zittern übermannt. Die in Höhlen hausen, verkriechen sich in ihre Löcher; die im Wasser wohnen, flüchten sich in die Tiefe; die Waldbewohner suchen das Dickicht auf und die Vögel erheben sich in den Luftraum. Von solcher Macht, ihr Mönche, ist der Löwe, von solch unbändiger Gewalt, von solcher Majestät.

Ebenso geschieht es auch, wenn ein Vollendeter in der Welt erscheint, ein Heiliger, völlig Erwachter, der, mit Wissensmacht begabt und rechtem Tun, auf gutem Wege geht, ein Weltenkenner, der Lehrer von Göttern und Menschen, der Buddha, der Erhabene, der die Lehre verkündet. Alle Wesen, selbst die Götter werden von Furcht, Erregung und Zittern ergriffen, wenn sie die Verkündigung der Lehre durch den Erhabenen vernehmen. Von solch großer Macht über die Welt, selbst über die Götter, von solch unbegrenzter Gewalt, von solcher Majestät ist der Vollendete, ihr Mönche.‹

Diese Rede, Ananda, haben wir Mönche den Löwenruf genannt – die Verkündigung des Buddha erschüttert unsere Welt. Mögen alle Wesen seinen gewaltigen Ruf hören, mögen sich alle Wesen nach ihm richten, mögen alle Wesen durch ihn die Erleuchtung und Erlösung erlangen, das unvergleichliche Nirvana, in dem alles Leiden zu seinem Ende gefunden hat, in dem der leidvolle Kreislauf der Wiedergeburten gebrochen ist. Mögest auch du, Ananda, den Ruf des Buddha hören!«

Ich war gepackt von den Worten Maudgalyayanas, der mir in wenigen Tagen bereits zu einem wirklichen Freund geworden war und dessen Meinung ich schätzte. Auch er riet mir dazu, dem Ruf des Buddha zu folgen. Sollte ich wirklich alles zurücklassen und aus dem Haus in die Hauslosigkeit ziehen? Der Ruf des Löwen begann, mich zu erschüttern und mit unbändiger Macht zu verändern.

Tief in Gedanken versunken kehrte ich in mein Heim zurück, sah nichts von der Welt um mich herum, dachte nur an den Buddha und seine Lehre: Es gibt nämlich Wesen, die nur wenig mit Gier, Hass und Unwissenheit behaftet sind, wenn sie die Lehre nicht hören, werden sie untergehen; wenn sie aber die Lehre hören, werden sie sie verstehen.

Der Weg zur Erleuchtung

Die Legende erzählt vom Weg des Buddha bis zur Erleuchtung: Nach seinem Auszug aus dem Palast in Kapilavastu in die Hauslosigkeit eines Asketen nahm Buddha Meditationsunterricht bei zwei Lehrern, doch ihre Lehre brachte ihn nicht weiter.

Deshalb versuchte er, durch strengste Askese Erleuchtung und dadurch Befreiung aus dem Leidenskreislauf zu erreichen. Doch bald erkannte er, dass ihn die strenge Askese nur schwächte; gerne nahm er deshalb von dem Bauernmädchen Sujata Speise an.

Sowohl das Schicksal der Bauern, die die Mühen ihrer Arbeit zu ertragen hatten, wie auch die Bitte des Schlangenkönigs Mucalinda bewegten ihn, auf seinem Meditationsweg fortzufahren. In der Legende kommen sogar die Götter aus dem Tushita-Himmel herab und bitten ihn, den Lebewesen einen Pfad zur Befreiung vom Leid zu weisen.

124

Die Erleuchtung

An einem Fluss nahe der Ortschaft Uruvilva nahm der Buddha unter einem Bodhibaum Platz und geriet in inmmer tiefere Meditation. Nichts um ihn herum konnte ihn mehr ablenken. So gelangte er in mehreren Meditationsstufen zur Erkenntnis der vier edlen Wahrheiten und damit zur Erleuchtung, wie aus dem Leidenskreislauf auszubrechen ist. Für sich selbst hatte er die Befreiung gewonnen und hätte ins Nirvana eingehen können.

Der Kampf gegen Mara

Mara, der Böse, will mit allen Mitteln Buddhas Meditation stören und ihn von der Erleuchtung abhalten. Er fragt, woher er die Vollmacht nehme, erleuchtet zu werden. Daraufhin ruft Buddha die Erdgöttin Bhumi (Thai: Thorani) als Zeugin an, die erscheint und alles Böse wegschwemmt. Auch der Schlangenkönig Mucalinda schützt die Meditation des Buddha.

Sarnath

Nördlich von Varanasi liegt der Rishi-patana, der Wald der Weisen, heute Sarnath genannt. Dort hielt der Buddha seine erste Lehrrede vor fünf Schülern. Heute befinden sich dort die Reste mehrerer Klöster und ein großer Stupa.

Ich nehme meine Zuflucht zum Buddha.
Ich nehme meine Zuflucht zur Lehre.
Ich nehme meine Zuflucht zur Gemeinschaft.

Ich nehme meine Zuflucht zum Buddha

Ich hatte eine unruhige Nacht. Immer wieder dachte ich an den Buddha und an seine Lehre. Mein Kopf dröhnte von dem Vielen, das ich in den letzten Tagen gehört hatte. Ich spürte, dass ich nun eine Entscheidung treffen musste, eine Entscheidung, die mein Leben verändern würde. Unruhig warf ich mich auf meinem Lager hin und her, die dünne Decke hatte ich bis zu den Füßen hinabgestoßen, ich spürte meinen Herzschlag.

Schließlich hielt ich es nicht mehr aus. Ich stand auf, ging hinaus auf die Terrasse und atmete tief durch. Es war, wie in dieser trockenen Jahreszeit üblich, eine klare Nacht, Sterne funkelten am Himmel. Es ist Vollmond, dachte ich, die große runde Scheibe am Himmel betrachtend, Vollmond, wie damals als der Buddha die Erleuchtung fand, Vollmond auch wie damals, als er geboren wurde. Das musste wohl auch die Nacht meiner Entscheidung werden. Ich blieb lange auf der Terrasse, erst als im Osten das erste Licht des frühen Morgens aufzog, ging ich wieder hinein. Jetzt fröstelte es mich.

Ich muss verändert ausgesehen haben, als die Dienerin den Morgentrank in die Schlafkammer brachte. Meine Frau sah mich schweigend an, dann begann sie zu schluchzen. Ich nahm sie in den Arm, doch sie stieß mich zurück: »Willst du jetzt auch aus dem Haus hinausziehen? Willst du deine Söhne, willst du mich zurücklassen? Ist dir Siddhartha mehr wert als deine Frau und deine Kinder?« Sie sank auf dem Kissen zusammen.

Ich fühlte mich hilflos, wusste nichts Richtiges zu sagen, war hin und her gerissen. Ihr Götter, helft mir, eine Entscheidung zu treffen. »Noch ist nichts entschieden«, murmelte ich. Doch dann lief ich aus dem Haus und eilte zum östlichen Stadttor. Es war am frühen Morgen noch geschlossen. Auf mein Geheiß hin öffneten mir die Wärter. Sie schüttelten den Kopf, und als ich weiterlief, hörte ich sie etwas hinter mir her rufen, das ich nicht verstand. Der Weg zum Nigrodha-Wäldchen war mir vertraut.

Einige Mönche kamen mir ruhigen Schrittes entgegen, ihre Bettelschalen mit beiden Armen haltend.

»Ananda«, sagte einer, mit dem ich in den letzten Tagen ein paar Mal gesprochen hatte, ein großer, kräftiger Mann aus der Königsstadt Rajagriha, »heute brechen wir auf nach Rajagriha im Königreich Magadha. Ich freue mich darauf, in meine Heimat zurückzukehren.« Dann schritt er weiter, um in der Stadt noch einmal Almosen zu erbitten.

Am Eingang zum Wald begegnete mir eine weitere Gruppe Mönche, die es ebenfalls in die Stadt zog. Sie schritten im Gänsemarsch einher. Die Gemeinschaft der Mönche, die Sangha, hatte eine Entscheidung über ihren weiteren Weg getroffen. Ich aber drang weiter in den Wald ein.

Der Buddha kam mir auf halbem Weg mit Shariputra und Maudgalyayana, seinen Lieblingsjüngern, entgegen. Er grüßte mich und lächelte: »Heute, Ananda, ist ein wichtiger Tag, für uns Mönche und für dich!«

Mir lief es kalt den Rücken herunter. Jetzt war meine Entscheidung gefragt: Würde ich mich den abziehenden Mönchen anschließen und mit ihnen gehen, würde ich dem Buddha folgen oder weiterhin das Leben im Haus vorziehen und meine Bindungen nicht aufgeben können? Ich wusste immer noch nicht, was ich tun sollte.

Als hätte der Buddha meine Gedanken erraten, setzte er erneut an: »Der Blindgeborene, Ananda, greift zu dem ölrußgeschwärzten Hemd, gerissen und geflickt, der Sehende aber wählt das weiße Kleid, fein, sauber und ohne Flecken und kleidet sich darin. Sei nicht länger ein Blindgeborener, sei ein Sehender! Folge nicht irgendwelchen Lehren, folge der Lehre!«

»Wenn das nur so einfach wäre, wie du sagst«, entfuhr es mir. »Wie kann ich denn alles zurücklassen? Wie soll mein Weg in der Zukunft sein? Was soll ich nur tun?«

»Gleichwie etwa, Ananda, wenn eine Henne ihre Eier, vier oder sechs oder acht Stück, wohl bebrütet, gänzlich ausgebrütet hat; wie sollte da nicht jener Henne der Wunsch kommen: ›Ach, möchten doch meine Küken mit den Krallen oder mit dem Schnabel die Eischale aufhacken, möchten sie doch heil durchbrechen!‹ Denn diese Küchlein sind ja fähig geworden, mit den Krallen oder dem Schnabel die Schale aufzuhacken und heil durchzubrechen.

Ebenso nun auch, Ananda, vermag der Jünger, wenn er sich Schritt für Schritt bemüht hat, wenn er den rechten, achtfachen Pfad beschreitet, wenn er die Schritte des geistigen Kämpfers gegangen ist, fähig zu werden zur Durchbrechung, fähig zum Erwachen, fähig, unvergleichliche Sicherheit zu gewinnen.

So also, Ananda, durchbrich nun auch du die Schalen, die dich umgeben. Hacke sie auf. Auch du vermagst heil durchzubrechen.«

Das Gleichnis des Buddha gab mir den letzten Stoß, der für meine Entscheidung nötig war. Auf einmal verstand ich die plötzliche, mich damals so überraschende Entscheidung Anuruddhas, sich dem Buddha, der Lehre und dem Sangha anzuvertrauen. Anuruddha hatte seine Schalen sofort durchbrochen, war mutig in den freien Raum ausgebrochen und hatte sich ganz neue Horizonte erobert.

Ich würde jetzt das Gleiche tun. Ich würde mich endgültig dem Buddha, dem Erwachten, dem Meister und Wegweiser, zuwenden und bei ihm meine Zuflucht suchen.

Ich würde mich endgültig der Lehre des Buddha, der heilbringenden, zur Einsicht führenden Lehre zuwenden und bei ihr meine Zuflucht suchen.

Ich würde mich endgültig dem Sangha, der Gemeinschaft der Mönche, anschließen, zum Jünger werden und bei dieser Gemeinschaft meine Zuflucht suchen.

Ich neigte mich tief vor dem Buddha:

»Nimm mich, Erhabener, als deinen Jünger an«, hörte ich meine Stimme von weit her kommen. Und dann mit der üblichen Formel:

Ich nehme meine Zuflucht zum Buddha.

Ich nehme meine Zuflucht zur Lehre.

Ich nehme meine Zuflucht zur Gemeinschaft.«

Als ich aufblickte, sah ich in das Gesicht des Buddha. Er lächelte mich an, nickte mir zu, als habe er schon immer gewusst, wie ich mich entscheiden würde. Dann sagte er: »Komm, Mönch, wohlverkündet ist die Lehre, führe ein Leben in Reinheit, um dem Leiden ein völliges Ende zu bereiten.«

Das Rad der Lehre hatte sich ein weiteres Mal gedreht.

Mir zitterten die Knie, mein Atem ging stoßweise. Doch ich wusste, ich hatte mich richtig entschieden. Mein Weg war nun vorgezeichnet.

Der Buddha riet mir, zusammen mit Shariputra im Wald zu bleiben. Shariputra würde mir als Zeichen meines Entschlusses mein Haar abschneiden und den Kopf rasieren. Auch seien aus Spenden noch einige braune Stoffstücke da, sodass ich meine weltliche Kleidung und meinen Schmuck ablegen und das Mönchsgewand anlegen konnte. Meine alte Kleidung werde ein junger Mönch dann zum Haus des Raja zurückbringen.

Mir war ein wenig schwindelig. Alles war auf einmal so schnell gegangen, aber einfacher als ich es in der letzten Nacht befürchtet hatte.

Jetzt war alles klar, die Würfel waren gefallen. Ich brauchte nicht mehr zurückzublicken, sondern nur noch nach vorn, auf mein neues Leben als Mönch. Ich hatte meine Schalen durchbrochen, meine Ketten gelöst, trat aus einem Leben in Abhängigkeit hinaus in das Leben der Hauslosigkeit, das der Mönche, die frei und ohne Bindung ihren Weg gingen. Nun begann die Arbeit, Gier, Hass und Unwissenheit in mir zu bekämpfen und zu wirklichem Wissen, zur rechten Aufmerksamkeit, zum Erwachen zu gelangen. Ich wollte von ganzem Herzen diesen Weg beschreiten und den Kreislauf der Wiedergeburten durchbrechen, dem Leidenskreislauf ein Ende setzen. Ich ahnte, dass dies ein weiter Weg sein würde, ein harter und mühsamer Kampf, der mich stärker fordern würde als alles Bisherige. Doch ich war ja nicht allein, Anuruddha, mein Halbbruder, ging den gleichen Weg, Shariputra und Maudgalyayana standen mir zur Seite und schließlich war auch der Buddha da.

Wie in Trance erlebte ich das Ablegen meiner Kleider, der weichen Seidenstoffe aus Varanasi mit den schönen Silberstickereien, das Ablegen der gleichfalls silbern bestickten Sandalen. Ich nahm die Armringe ab, die Halsketten, die schweren Ohrgehänge, nackt und bloß stand ich vor Shariputra, nichts band mich mehr an meine Vergangenheit. Ich löste meinen Haarzopf, mein dunkles, volles Haar fiel auf meine Schultern herab, ich spürte, wie es meine Haut berührte. Doch nicht lange, denn Shariputra kam mit dem Schermesser. Mit langen, sicheren Bewegungen schnitt er, lange Strähnen fielen hinab auf die Erde, dann rasierte er mit Sorgfalt meinen Schädel. Durch einen Schritt zur Seite trat ich aus dem Kreis der abgelegten Kleider, des am Boden liegenden Schmucks und der darauf verstreuten Haarsträhnen heraus.

> *Was irgend auch entstanden ist,*
> *muss alles wieder untergehn.*

Dann half mir Shariputra ins Mönchsgewand, drei einfachen, braungelben Stoffbahnen. Er zeigte mir, wie ich sie umlegen musste, das Hüfttuch, das ich fest um mich schlang, das Obergewand, das in weitem Bogen um den Körper gelegt wurde, sodass die linke Schulter bedeckt, die rechte aber frei blieb. Die Mantelrobe ließ Shariputra zusammengefaltet. Jetzt in der heißen Jahreszeit brauchte man sie tagsüber nur beim Almosengang, nachts diente sie als Decke, in die man sich vor allem in den kühlen Winternächten wickeln konnte.

Die letzte Stunde erschien mir wie eine Neugeburt, die ich aber im Gegensatz zur ersten bei vollem Bewusstsein miterlebt hatte: Ich war nicht mehr der Kshatriya Ananda, Teil der edlen Fürstenfamilie der Gautamas, Mitglied im Rat der Krieger der Republik der Shakiyas, sondern nun ein Bettelmönch, ein Jünger des Erhabenen, ein Sucher auf dem Weg, auf der Suche nach Erkenntnis.

Schon bald kamen die Mönche aus der Stadt mit vollen Bettelschalen zurück. Wir saßen im Kreis, teilten Reis und Gemüse, auch Chapatis waren darunter, jene Brotfladen, mit denen wir die Dalsoße aufwischten und zum Mund führten.

Anuruddha saß neben mir. »Ich freue mich, Bruder, dass du nun auch zu uns gehörst. Du bist mir ein zweites Mal zum Bruder geworden.« Dann lachte er. »Aber dieses Mal bin ich der Ältere, nicht du, denn in der Mönchsgemeinschaft zählt der Tag, an dem man aufgenommen wird, nicht das Lebensalter. Du wirst mich also künftig ehrfürchtig begrüßen müssen, damit die Ordnung gewahrt bleibt.« Ich lachte zurück, denn ich wusste, wie er es meinte und dass wir verbunden bleiben würden wie eh und je. Gemeinsam würden wir unseren Weg beschreiten.

Schon bald danach brachen wir auf, wir waren in Eile, um noch vor der Mittagshitze ein gutes Stück Weg zurückzulegen. Wir verließen das Nigrodha-Wäldchen, das in den letzten Wochen dem Buddha und seinen Mönchen zur Heimstatt geworden war.

Vor dem Wald teilte sich der Weg. Nach rechts ging es in die Stadt, das östliche Stadttor von Kapilavastu lag vor unseren Augen. Die schweren Holztore standen offen. Einer der Wächter verhandelte mit einem Kaufmann, der neben seinem hoch beladenen Ochsenkarren stand. Lastenträger mit schweren Säcken auf dem Rücken eilten im Gänsemarsch in meine Heimatstadt. Sie würde ich nun zurücklassen.

Da sah ich oben im Wehrgang über dem Stadttor eine Bewegung. Fürst Shuddhodana stand dort zusammen mit einem Teil seiner Familie. Ich erkannte Yashodhara, die Frau, mit der der Erhabene vermählt gewesen war, als er noch der Prinz der Shakyas war. Und neben ihr, sich an Yashodhara klammernd, meine Frau. Ein Stich ging mir durch das Herz, doch dann wandte ich mich abrupt ab.

Ich schritt nach links aus, hinter den anderen Mönchen her. Unser Weg führte nach Osten, der Morgensonne entgegen; es war der gleiche Weg, den Maya, Siddharthas Mutter, mit dem Ochsenwagen gefahren war, als sie zur Geburt ihres Kindes zu ihren Eltern wollte und dann bereits im Wald von Lumbini niederkam. Es war auch der Weg, den neunundzwanzig Jahre später Siddhartha wählte, als er aus dem Haus in die Hauslosigkeit zog. Es war jetzt mein Weg geworden.

Rechts und links der von tiefen Spurrillen der Ochsenkarren durchzogenen gelben Straße leuchtete das Gold der fast reifen Reisähren. Nur noch wenige Tage, dann würde die Ernte beginnen und es sah gut aus:

Der Monsun war in diesem Jahr früh und reichlich gekommen, voll Freude hatten wir im ersten Regen getanzt und ihn nach der langen Hitzezeit als Wohltat empfunden. Nach dem Monsun waren die Reisschößlinge schnell geschossen, die Bauern hatten Grund, zufrieden zu sein.

Einzelne Bäume säumten den Wegrand und gaben Schatten. Doch noch war es nicht zu heiß, wir konnten weit ausschreiten, gewannen Entfernung von Kapilavastu, dessen Geräusche bald nur noch verschwommen unsere Ohren erreichten. Erst ein gutes Stück weiter wagte ich mich umzudrehen, sah, klein geworden, Stadttor und Erdwall rund um die Stadt, über den Palisaden auch den Dacherker des Raja-Hauses. Große Bäume standen rund um die Stadt. Menschen konnte ich aus dieser Entfernung nicht mehr erkennen, doch ich wusste, dass man mir nachblickte und musste schlucken. Allein, meine Entscheidung war getroffen, endgültig.

Ein wenig weiter durchwateten wir die Furt eines kleinen Flusses. Das Barfußgehen war mir ungewohnt, zu lange hatte ich die weichen Sandalen eines Fürsten getragen, jetzt spürte ich die kantigen Steine auf dem Weg. Der Sand des Flusses dagegen war angenehm und weich.

Neben mir ging Anuruddha, ein wenig vor mir lief an der Hand Shariputras der kleine Rahula, der Sohn des Buddha. Es war ein eigenartiges Bild, den achtjährigen Jungen in seinem gelben Gewand an der Hand des hageren Mönches zu sehen, aber Rahula ging mit den Mönchen, mit seinem Vater, ohne zu fragen. Er würde den Weg des Buddha weiterhin begleiten, bis er – einige Jahrzehnte später – ins nachtodliche Nirvana eingehen sollte, lange vor seinem Vater.

Weiter vorn, fast an der Spitze des Zuges, schritt der Buddha und neben ihm – ich traute meinen Augen nicht – Devadatta, der hinterhältige Vetter. Er trug bürgerliche Kleidung und war, heftig gestikulierend, in ein lebhaftes Gespräch mit dem Buddha vertieft. Manchmal hörte ich auch Wortfetzen der beiden. Sollte auch er sich den Mönchen anschließen wollen? Was erwartete er davon? Ihn konnte ich mir nicht im Kampf gegen Begierden, Hass und Unwissenheit vorstellen; nein, Devadatta war kein Mönch.

Vier Stunden gingen wir, zügig vorankommend. Dann erreichten wir ein Wäldchen bei einem kleinen Dorf. Die Sonne stand hoch am Himmel, es war sengend heiß geworden. Der Schweiß lief mir am ganzen Körper herab. Ich hatte das Obergewand über den Kopf gezogen, um mich besser vor den Strahlen der Sonne zu schützen. Die Kehle brannte, jetzt kühles Wasser, dachte ich, gebracht von einer hübschen Dienerin, dazu ebenso kühle Luft, von Pfauenwedeln herbeigefächert. Schon wieder Begierden, durchfuhr es mich, Begierden, dies erlangen zu wollen und jenes. Ich musste noch viel an mir arbeiten, hatte einen weiten Weg vor mir, einen Weg, der nicht mit wunden Füßen, sondern mit wachem Geist und klarem Bewusstsein zurückzulegen ist. Ich seufzte.

Anuruddha hörte es und blickte mich an: »Hast du Durst?«, fragte er. »Vielleicht können wir am nächsten Bach Wasser schöpfen.«

Als hätte der Buddha uns gehört, bog er vom Weg in das kleine Wäldchen ab. Der Schatten der Bäume umgab uns, hier war es merklich kühler als in der prallen Sonne auf dem staubigen Weg. Am Rand des Wäldchens plätscherte ein Bach, wir schöpften lechzend sein klares Wasser. Dann ließen wir uns unter den Bäumen nieder, der Buddha mitten unter uns.

»Klares Wasser, ihr Mönche«, begann er, »habt ihr geschöpft und damit euren Körper erfrischt. Nicht dunkles, trübes Wasser, sondern reines, wohltuendes Wasser. So ist auch die Lehre des Buddha ein klares, reines, heilbringendes, Wahrheit und Wissen schaffendes Wasser, nicht dunkel, nicht trübe.

Wohl aber muss der Mönch darauf achten, dass auch sein Herz rein und klar ist, nicht trübe und dunkel.

Gleichwie etwa, wenn ein Färber ein Kleid nähme, das besudelt und voller Flecken ist, und tauchte es in eine Farbenlösung, in eine blaue oder eine gelbe, in eine rote oder violette, da könnte es nur schlechte, nur unreine Färbung gewinnen – und warum? Weil das Kleid nicht rein ist. Ebenso, ihr Mönche, ist auch bei besudeltem Herzen ein schlechter Ausgang zu erwarten.

Gleichwie etwa, wenn ein Färber ein Kleid nähme, das sauber und rein ist, und tauchte es in eine Farbenlösung, in eine blaue oder eine gelbe, in eine rote oder violette, da könnte es nur gute, nur reine Färbung gewinnen – und warum? Weil das Kleid rein ist. Ebenso ihr Mönche, ist bei reinem Herzen ein guter Ausgang zu erwarten.

Was aber ist Trübung des Herzens? Selbstsucht ist Trübung des Herzens, Bosheit ist Trübung des Herzens, Zorn und Niedertracht, Heuchelei und Neid, Eiferung und Eigensucht, Trug und Tücke, Starrsinn und Ungestüm, Dünkel und Übermut, Nachlässigkeit und Leichtsinn, all das ist Trübung des Herzens. Wer aber all dies als Trübung erkennt und verleugnet, ihr Mönche, der erprobt sein Herz in dreifacher Weise:

Seine Liebe zum Erwachten ist erprobt, seine Liebe zur Wahrheit ist erprobt, seine Liebe zu den Jüngern ist erprobt. Dies aber bedeutet die dreifache Erprobung:

Seine Liebe zum Erwachten ist erprobt: Also gewinnt er Verständnis des Sinnes, Verständnis der Wahrheit. Sein Körper wird still, er fühlt Heiterkeit, sein Herz wird klar.

Seine Liebe zur Wahrheit ist erprobt: Also gewinnt er Verständnis des Sinnes, Verständnis der Wahrheit. Sein Körper wird still, er fühlt Heiterkeit, sein Herz wird klar.

Seine Liebe zu den Jüngern ist erprobt: Also gewinnt er Verständnis des Sinnes, Verständnis der Wahrheit. Sein Körper wird still, er fühlt Heiterkeit, sein Herz wird klar.

Mit liebevollem Gemüt strahlt ein solcher in vier Himmelsrichtungen, mit erbarmendem Gemüt, mit freudevollem Gemüt, mit unbewegtem Gemüt verweilt er. Dann aber wird sein Herz erlöst vom Wahn der Begierde, vom Wahn des Hasses, vom Wahn des Nichtwissens. Die Erkenntnis geht ihm auf: ›Versiegt ist die Geburt, überwunden der Kreislauf der Geburten, nicht mehr ist die Welt für mich bestimmend, erlangt habe ich die Erlösung.‹ Einen solchen, ihr Mönche, nennt man einen, der gebadet ist im inneren Bade.«

Der Buddha schwieg. Langsam standen einige, dann immer mehr Mönche auf, entfernten sich ein wenig, um sich erneut unter einem Baum niederzulassen und mit der Meditation über die Worte des Meisters zu beginnen. Auch ich suchte mir einen ruhigen Platz, einige Schritte von den anderen entfernt. Mit etwas Mühe nahm ich den Meditationssitz ein, den ich bei den anderen gesehen hatte, aufrecht, die Beine übereinander geschlagen. Ich versank in meinen Gedanken.

Spät am Abend kamen wir noch einmal um den Buddha zusammen. Wieder belehrte er uns in seiner bildreichen Sprache, diesmal aber beantwortete er auch die Fragen der Mönche. Ich lauschte nur, fragte nicht, saß stumm neben Anuruddha. Schließlich schloss er:

»So wie eine blaue, rote oder weiße Lotosblume, obwohl im Wasser geboren und im Wasser aufgewachsen, unbeschmutzt vom schlammigen Wasser auf seiner Oberfläche steht, wenn sie aus dem Wasser herauswächst, über der Wasserfläche steht, ebenso soll der Jünger, obwohl in der Welt geboren und in der Welt aufgewachsen, aus der Welt herauswachsen, über die Welt hinauswachsen, die Welt überwinden.«

Tage vergingen, in denen wir zuerst weiter nach Osten durch die Republiken der Mallas und Licchavis wanderten, dann nach Süden abbogen, die großen Ebenen durchzogen, die sich nördlich der Ganga erstreckten. Schließlich standen wir gegenüber von Pataliputra am großen Fluss, schauten über die schier endlosen Sandbänke und Flussarme, die sich bis zum Horizont erstreckten. Die ersten Furten durch flachere Wasser konnten wir noch zu Fuß bewältigen; den Hauptstrom aber musste uns ein Flößer hinübersetzen. Wir dankten dem freundlichen Mann durch schweigende Verneigung.

Mönche

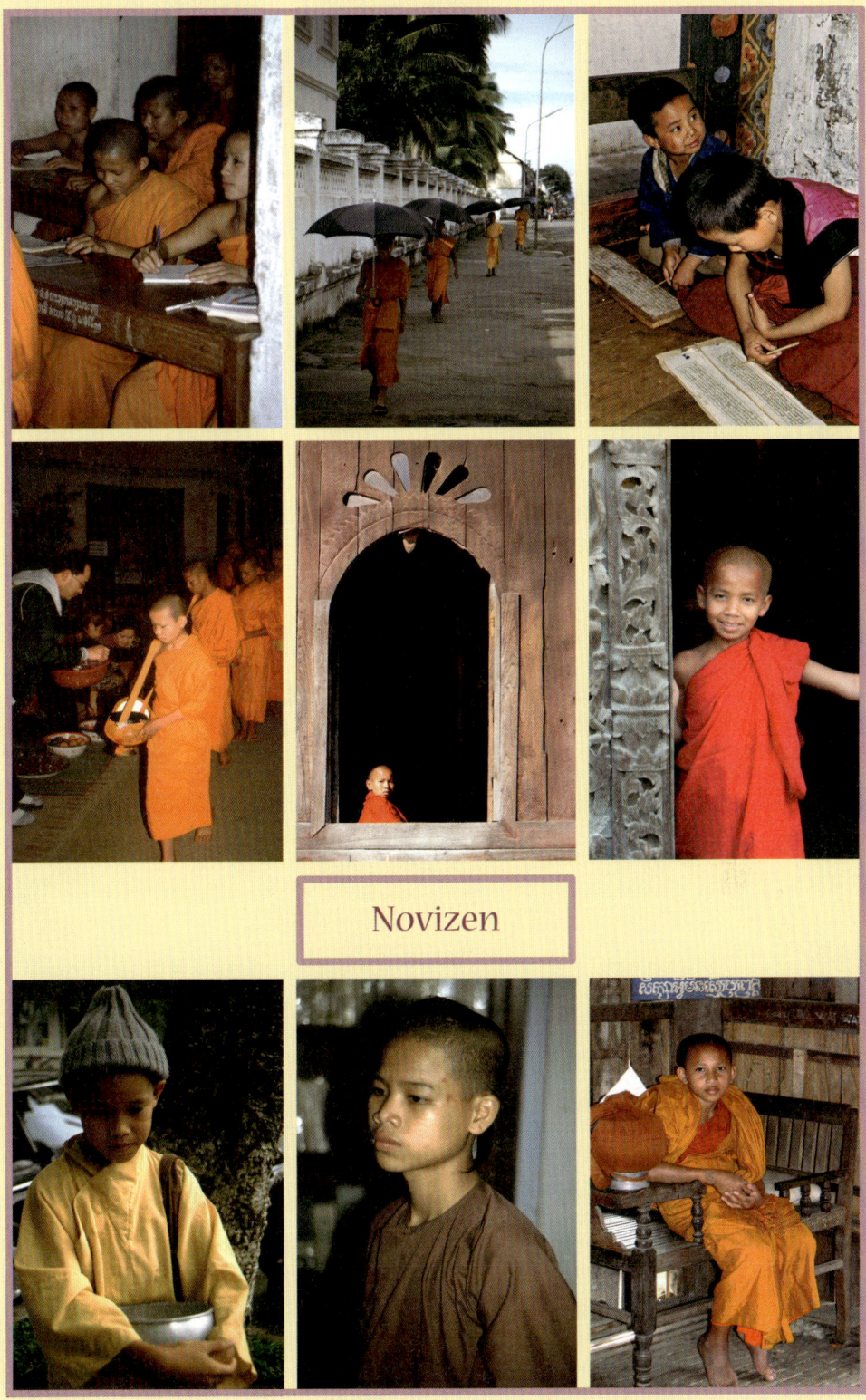

Novizen

Bemüht euch
und führt ein Leben in Reinheit,
um dem Leiden ein völliges Ende zu bereiten.

In Rajagriha

Am sanften Ufer der Ganga hatten sich Pilger versammelt, die betend ins Wasser stiegen und sich mit dem Wasser des heiligen Flusses übergossen. An dieser Stelle waren es nur einige Pilger, ein paar Tagesreisen weiter stromaufwärts, in Varanasi, mussten es Tausende sein, die auf die reinigende Kraft des Wassers vertrauten.

Devadatta, auf die Pilger zeigend, sprach den Buddha an, so laut, dass wir alle es hörten: »Stimmt es, Herr, dass dieses Wasser, das dem Dach der Welt, den Bergen des Himalaja, entströmt, heilig ist? Stimmt es, dass man damit alle bösen Taten, die man getan hat, wegwaschen kann? Wenn man so jeden Morgen das Böse in sich abwäscht, dann muss man doch nach dem Tod im Himmel wiedergeboren werden!«

Der Buddha schüttelte den Kopf: »Mein lieber Devadatta, überlege doch einmal. Wenn das wirklich so wäre, dass man durch ein tägliches Bad in der Ganga alles Böse einfach wegwaschen würde, dann müssten doch die Fische und die Krokodile zuerst in den Himmel kommen. Gefällt euch ein Himmel, der von Krokodilen bevölkert ist?«

Lachend schritten wir weiter. Der Buddha hatte Recht, das Vertrauen, das diese Pilger in das Wasser der Ganga legten, war sinnlos. Ebenso wie die Opferriten und Tieropfer der Brahmanen, wie ihre heiligen Gesänge, mit denen sie sich einen guten Lebensunterhalt verschafften.

Ich dachte wieder neu über die Frage nach, wie denn das Leiden in der Welt zu überwinden sei. Nein, die Riten der Brahmanen blieben an der Oberfläche. Sie würden keine Erlösung schaffen. Der Buddha dagegen musste mit seinem achtfachen Pfad Recht haben; nur so, nur durch die Arbeit an sich selber, durch beständige Übung, durch Achtsamkeit und Konzentration, ist der Weg zu beschreiten, der über das Leiden und den Tod hinausführt in das endgültige Verlöschen, in das Ende jeder Bindung an diese leidvolle Welt.

Von Pataliputra aus wanderten wir fünf weitere Tagesmärsche nach Süden. Bisher war die Landschaft, durch die wir während der letzten Wochen von Kapilavastu aus zogen, flach wie ein Brett gewesen. Jetzt tauchten erstmals einige schroffe Felsen auf, Berge, die sich, alleinstehend, aus der Ebene erhoben. Wir wussten, dass es in diesen aufragenden Felsen Höhlen gab, in denen Asketen lebten. Der Buddha erzählte uns, dass er bei seiner jahrelangen Suche auch einige Zeit in den Höhlen dieser Felsen verbracht hatte, bevor er sich mit seinen Mitasketen weiter nach Süden begab und nach Uruvilva kam. Er kannte die Wege dieser Gegend, er war uns auch hier Wegweiser und Führer.

Am fünften Tag schließlich machten wir keine Mittagsrast, sondern wanderten trotz der großen Hitze weiter. Am Nachmittag sahen wir im flimmernden Licht in der Ferne eine Hügelkette am Horizont auftauchen, der wir uns schnell näherten: dahinter lag Rajagriha, die Königsstadt des Reiches Magadha, sie war unser Ziel.

Ein wenig später erkannten wir auf den Höhenrücken vor uns bereits die berühmte Mauer, den gewaltigen Steinwall, der die Stadt in weitem Bogen umgab. Staunend blieben wir stehen und betrachteten die Berge vor uns, zwischen denen in der Mitte in einem Einschnitt das nördliche Stadttor mit seinen Befestigungen lag.

Der Buddha aber nutzte unser Anhalten zu einer Unterweisung: »So wie diese Stadt mit ihren hohen Mauern vor unseren Augen erschien, so ist es auch mit der Lehre, die ich verkünde. Gleichwie ein Mann, der im Dschungel einen alten Weg entdeckt, ihm folgt und an seinem Ende schließlich eine verlassene Stadt findet, die früher von Menschen bewohnt war, jetzt aber überwuchert ist von Schlingpflanzen und allerlei Gewächs. Und dieser Mann geht zum König, teilt ihm seinen Fund mit und dieser lässt sie wiederaufbauen, sodass erneut Menschen in ihr wohnen und sie zu neuer Blüte entsteht. So, ihr Mönche, habe ich einen alten Weg entdeckt, den Weg, der zum Nirvana führt.«

Langsam schritten wir weiter, die Sonne neigte sich bereits, bald würde die Dämmerung kommen. »Nicht schon heute, ihr Mönche«, sagte der Buddha, »gehen wir in die Stadt. Heute bleiben wir vor den Toren von Rajagriha im Venuvana, im Bambushain. Dort ist ein guter und angenehmer Platz, dort können wir lagern. Morgen aber werden wir in die Stadt hineingehen und Gaben erbitten.«

»Der Venuvana, der Bambuswald«, erklärte Shariputra mir, »ist ein Geschenk des Königs an den Buddha. Im Venuvana können wir immer unterkommen. Von ihm aus ist es nur ein paar Schritte bis zum Stadttor, sodass wir morgen früh gleich in die Stadt können. Aber dann wirst du dich wundern. Rajagriha ist unermesslich viel größer als Kapilavastu. Wir brauchen Stunden, um an das andere Ende der Stadt, um zum südlichen Stadttor zu kommen.«

»Der schöne Bambushain hier ist ein Geschenk des Königs?«, fragte ich. »Verehrt auch er unseren Meister?«

»Ja, er ist ein Laienbekenner. Es war kurz nachdem der Buddha in Uruvilva zum Erwachen gefunden hatte. Nach einiger Zeit wanderte der Erleuchtete von dort nach Rishipatana, dem Gazellenhain nördlich von Varanasi. Dort setzte er das Rad der Lehre in Gang, als er den fünf Asketen seine Erkenntnisse darlegte.

Danach aber wanderte die kleine Schar hierhin in den Osten. Weitere Jünger schlossen sich dem Zug an, Asketen nahmen ihre Zuflucht bei dem Buddha, bei der Lehre und bei der Mönchsgemeinde, darunter auch Kashyapa, der Feuerasket mit dem geflochtenen Haar, ein Mann bereits im gesetzten Alter, der in der ganzen Gegend geachtet wurde.

Als nun die Mönche sich der Königsstadt Rajagriha näherten, hörte König Bimbisara, dass der Sohn des Raja von Kapilavastu als Leiter einer Mönchsgemeinde in die Stadt gekommen sei und zusammen mit Kashyapa im kleinen Wäldchen westlich der Stadt Rast machte. Sofort begab sich der König mit großem Gefolge dorthin. Er traf auf den Buddha und auf Kashyapa, begrüßte die beiden höflich und fragte sie: ›Wer nun von euch beiden ist der Meister, wer der Schüler?‹

Der Buddha wandte sich Kashyapa zu und forderte ihn auf: ›Antworte du, Kashyapa. Bis vor kurzem hast du in Uruvilva noch den Feuerkult betrieben. Antworte, warum du ihn aufgegeben und was du statt dessen gefunden hast!‹

Kashyapa gab zur Antwort: ›Der Feuerkult war nichts als weltliches Geschehen, führte nicht zur Erleuchtung, brachte nur sinnenhafte Befriedigung. Ich verlor den Gefallen an jedem Opferkult, verwarf mein früheres Tun und wandte mich dem wirklichen Frieden und der wahren Lehre zu. Sieh, König Bimbisara: Der Erhabene hier ist mein Lehrer, ich bin sein Schüler!‹ Und er warf sich dem Buddha zu Füßen und bezeugte ihm tiefe Verehrung. Es war ein erschütterndes Bild, wie der alte Asket vor dem jüngeren Buddha auf dem Boden lag.

Das musste auch Bimbisara gespürt haben. So wandte er sich dem Buddha zu: ›Was denn, Mönch, ist deine Lehre, die du den Asketen vorgetragen hast? Welcher der vielen Wege ist dein Weg, um die Todlosigkeit zu gewinnen?‹

Der Buddha zögerte nicht lange und legte dem König und seinem Gefolge seine Lehre dar, die Lehre vom Werden und Vergehen, die Lehre von der Abhängigkeit aller Dinge, die vier edlen Wahrheiten schließlich, die in den achtfachen Pfad einmünden.

Als Bimbisara, der mächtige König des Reiches Magadha, diese Lehre hörte, bekannte er sich sofort dazu: ›Gute Lehre hast du verkündet, Erhabener, wohl hast du gesprochen. Du hast mich überzeugt, ich bekenne mich zu deiner Lehre.‹

Der Buddha schwieg und auch die anderen Mönche wagten nicht, sich zu rühren. Der mächtigste König südlich der Ganga wandte sich der Lehre des Buddha zu. Mit einem solchen Erfolg hatte niemand gerechnet, als man auf Rajagriha zuwanderte.

›Wisse, Erhabener‹, fuhr Bimbisara fort, ›als junger Prinz hatte ich fünf Wünsche: Ich wünschte, dass ich König werden würde. Ich wünschte, dass einmal ein Erleuchteter in mein Reich kommen würde. Ich wünschte, dass ich diesen Erleuchteten aufnehmen dürfte. Ich wünschte, dass der Erleuchtete mir seine Lehre vortragen würde. Ich wünschte, dass ich diese Lehre verstehen könnte. Wisse nun, dass alle diese Wünsche mit dem heutigen Tag in Erfüllung gegangen sind. Das ist, wie wenn man Umgestürztes aufrichtet oder Verborgenes enthüllt, wie wenn man einem Verirrten den Weg zeigt oder eine Lampe in der Finsternis hält – so hast du, Erhabener, die Lehre dargelegt.‹

Und der König neigte sich vor dem Buddha: ›So nehme ich meine Zuflucht zum Erhabenen, ich nehme meine Zuflucht zur Lehre, ich nehme meine Zuflucht zur Mönchsgemeinde. Möge der Herr mich als Laienmitglied annehmen.‹

Schweigend gewährte der Buddha die Bitte.

Der König aber, voll Freude über das, was er erlebt hatte, lud die Mönche für den nächsten Tag zur Morgenmahlzeit ein. Doch mehr noch, er rief einen Diener mit einer Kanne Wasser herbei: ›Höre, Erhabener, vor den Toren der Stadt im Norden erstreckt sich der Venuvana, der Bambushain, überaus lieblich anzusehen, kühl und angenehm zum Rasten und Lagern, ein Wasserlauf und ein Teich gehören dazu, ein Platz der Stille, aber dicht bei der Stadt gelegen, ein Platz, recht für den Erhabenen und die Gemeinschaft der Mönche. Möge der Erhabene diesen Bambushain als Gabe annehmen. Möge der Erhabene dort ruhen, sooft er will.‹

Und Bimbisara schenkte dem Buddha das schöne Stück Land. Er winkte den Diener herbei und als Zeichen der Rechtsverbindlichkeit dieser Schenkung goss der König dem Buddha, wie es Brauch ist, Wasser aus der Kanne über die Hände. Schweigend nahm der Buddha das Geschenk an. Noch am gleichen Tag aber siedelte er mit seinen Mönchen in den Venuvana um und verbrachte die Nacht hier im Bambuswäldchen.«

Shariputra beendete seine Erzählung, wies noch einmal mit dem Arm auf das Dickicht des hohen Bambus und sagte dann: »Komm, ich zeige dir einen besonders schönen Ort.«

Wir gingen ein paar Schritte weiter durch das dichte Wäldchen. Es war im Schatten halbdunkel und vor allem angenehm kühl. Hinter einer Wegbiegung hörte der Bambushain plötzlich auf, einige hohe Bäume standen da, ein kleiner Teich lag in ihrer Mitte.

»Der Kalandakanivapa, der Eichhörnchen-Futterplatz.«

Wir setzten uns ans Wasser. Tiefe Ruhe umgab uns, Lotosblumen schienen über der Wasserfläche zu schweben, von den letzten, in der Abenddämmerung rot gefärbten Sonnenstrahlen getroffen, die an einigen Stellen durch die hohen Bäume fielen. Es dauerte nicht lange, da sahen wir auch die ersten Eichhörnchen, flink, aber immer auf der Hut, Ausschau haltend nach ein wenig Futter.

Hier war wirklich ein guter Platz. Er erinnerte mich an den Teich vor den Toren von Kapilavastu: Hohe Bäume, Lotosblüten, Wasser, vor allem aber Ruhe und dazu besinnliche Stille – das prägte solche Plätze. Wir saßen lange ohne zu sprechen. Erst als es schon fast dunkel war, kehrten wir zum Lagerplatz der Mönche zurück.

Dort versammelte uns der Buddha noch einmal zu einer Lehrrede. Das tat er oft. Wenn irgendein Ereignis vorlag, irgendein Bild uns auf der Wanderung vor Augen trat, nutzte er den Anstoß, um von da aus auf seine Lehre zu sprechen zu kommen. So auch jetzt nach unserer langen Wanderung bis Rajagriha.

»Hört, ihr Mönche, ein Gleichnis. Gleichwie etwa, wenn eine große Herde Wild in waldigem Tal auf weiten, sumpfigen Moorgrund geraten wäre, und irgendein Mensch wollte ihr übel, sänne auf ihr Verderben und Unheil; da versperrte er den Weg, der sicher zu wandeln ist und ließe den Irrweg offen, der tiefer in den Sumpf führt und triebe sie hin: So würde nun, ihr Mönche, diese große Herde Wild bald schwinden und abnehmen. Doch wenn sich, ihr Mönche, irgendein Mensch dieser Herde erbarmte, auf ihr Wohl und Heil sänne, er würde den Weg, der sicher zu wandeln ist, offenbar machen, den Irrweg versperren, die Tiere vom Sumpf wegleiten: So würde nun, ihr Mönche, diese große Herde Wild bald zunehmen und gedeihen.

Ein Gleichnis habe ich, meine Mönche, gegeben, um einen tieferen Sinn zu erklären. Das aber ist nun der Sinn: Die große Herde Wild: das ist eine Bezeichnung aller lebenden Wesen. Der weite, sumpfige Moorgrund: das ist eine Bezeichnung der Begierden. Der Mensch, der auf Verderben und Unheil sinnt: das ist eine Bezeichnung des bösen, verderblichen

Versuchers. Der Irrweg: das ist eine Bezeichnung des achtfachen falschen Pfades, nämlich falsche Ansicht, falscher Entschluss, falsche Rede, falsches Verhalten, falscher Lebensunterhalt, falsche Anstrengung, falsche Achtsamkeit, falsche Meditation. Der Weg in den Sumpf: das ist eine Bezeichnung der Begierde und des Nichtwissens.

Der Mensch aber, der auf Wohl und Heil sinnt: das ist eine Bezeichnung des Vollendeten, des Heiligen, des vollkommen Erwachten. Und der sichere Weg: das ist eine Bezeichnung des heiligen achtfachen Pfades, nämlich rechte Ansicht, rechter Entschluss, rechte Rede, rechtes Verhalten, rechter Lebensunterhalt, rechte Anstrengung, rechte Achtsamkeit, rechte Meditation.

Und so habe ich euch, ihr Mönche, den sicheren Weg offenbar gemacht, den Irrweg versperrt, die sumpfige Fährte verwehrt, den Gang in den Sumpf verleidet. Bemüht euch, ihr Mönche, werdet nicht nachlässig. Das ist meine Weisung!«

Mit diesen Worten entließ uns der Buddha in die Nachtruhe. Müde vom weiten Weg, mit schmerzenden Füßen, aber glücklich von dem, was ich gehört und gesehen hatte, schlief ich ein.

Am nächsten Morgen erhoben wir uns bei Sonnenaufgang. Wir wuschen uns am Teich, ordneten unsere Gewänder, nahmen unsere Bettelschalen und verließen den Bambushain. Maudgalyayana zeigte mir eine Stelle, die rechts ein wenig erhöht lag. »Dort musst du einmal hingehen«, sagte er. »Dort sind heiße Quellen, überaus angenehm zum Baden. Auch der Buddha nimmt dort häufiger ein Bad.« Ich sah kleine Steinmauern, sie fassten die heilenden Quellen ein. Ein reicher Bewohner Rajagrihas wurde in einer Sänfte die Anhebung hinaufgetragen. Wahrscheinlich wollte er dort sein Morgenbad nehmen oder auch gegen Rückenschmerzen angehen und sie im warmen Wasser lindern.

Wir wandten uns dem Stadttor zu. Es war viel größer als die Tore in Kapilavastu. Wächter mit langen Lanzen, durch Helme und Schilde geschützt, standen an beiden Seiten, andere, mit Pfeil und Bogen bewaffnet, patrouillierten auf dem Wehrwall. In diese befestigte Stadt kam niemand ohne Erlaubnis. Uns aber ließ man ohne ein Wort passieren, der König hatte wohl eine entsprechende Order gegeben.

So schritten wir weiter, einer hinter dem anderen, eine schweigende Schar von Mönchen, ein Zeichen auch, dass es Anderes gab als den Reichtum und die Macht dieser Stadt.

Hinter dem Stadttor begann das Viertel der Eisengießer und Waffenschmiede. Das nämlich machte den Reichtum der Königsstadt aus: In den Bergen, die die Stadt schützend umgaben und von der großen

Mauer gekrönt wurden, gab es Eisenerz. Die Schwerter und Lanzen von Rajagriha waren im ganzen Mittleren Land berühmt, auch für die Kshatriyas in Kapilavastu waren einige dieser Waffen erworben worden und der Raja Shuddhodana lobte ihre Schärfe und Härte.

An den Hütten der Waffenschmiede erhielten einige von uns bereits Reis und Gemüse in ihre offenen Schalen. Wer genug hatte, wandte sich ab und kehrte zum Bambushain zurück. Ich indes ging mit dem Buddha und einigen wenigen Mönchen weiter.

Die Stadt war wirklich riesig. Das Viertel der Weber und Färber schloss sich an. Gewiss, hier wurden nicht so wertvolle Stoffe hergestellt wie in Varanasi, dessen weiche, durchscheinende Seiden sogar von den Kaufleuten bis in den fernen Westen gehandelt wurden. Aber auch die Stoffe von Rajagriha waren gut und in vielen leuchtenden Farben eingefärbt. Vor den Ständen der Stoffhändler des Basars drängten sich bereits Frauen und prüften die Waren.

Wir schritten weiter und erreichten in der Mitte der Stadt den Palast von König Bimbisara. Es war in der Tat ein Palast. Kein Gebäude in Kapilavastu kam an dieses dreistöckige Steinhaus heran, selbst das Haus des Raja nicht. Von den Dienern des Königs wurden wir reich mit Speisen beschenkt, unsere Schalen waren ausreichend gefüllt, sodass wir uns auf den Rückweg machen konnten.

Nicht weit vom Palast kam ein Mann in einem kostbaren weißen Gewand auf uns zu. Er neigte sich vor dem Buddha: »Kennst du mich noch, Erhabener?«

»Wohl erkenne ich dich, Jivaka, sei mir gegrüßt, Gesundheit und Heil dir. Du hast mir damals sehr geholfen, als mein Bauch sich verkrampfte wegen falscher Speise. Ein guter Arzt bist du, kenntnisreich und hilfsbereit. Ich erinnere mich gut an dich.«

Jivaka, der Leibarzt König Bimbisaras, strahlte. Dass der Buddha, der Erhabene, ihn so vor allen Zuhörern mit seinen wohlwollenden Worten auszeichnete! So sprach er weiter:

»Erhabener, ich erinnere mich daran, dass du einmal in meinem Mangowäldchen am Aufgang zum Geiergipfel Rast gemacht und diesen Ort gelobt hast. So bitte ich dich um zweierlei: Nimm diesen Mangowald, nimm ihn aus meiner Hand als Geschenk an. Dort magst du und die Mönche jederzeit weilen und in der Regenzeit Hütten bauen, in denen ihr geschützt seid.«

Der Buddha gab seine Zustimmung durch Schweigen. Nun hatte er nördlich der Stadt im Bambushain eine Lagermöglichkeit, die ihm von Bimbisara geschenkt wurde, und innerhalb der Stadt eine weitere. Später nannten wir diesen Ort in Erinnerung an den freigiebigen Arzt immer Jivakambavana – Wald des Jivaka.

»Was ist deine zweite Bitte, Jivaka?«

»Möge der Erhabene annehmen, dass ich meine Hilfe nicht nur ihm, sondern allen Mönchen zuteil werden lasse, die mit ihm ziehen und hier nach Rajagriha kommen, heute und in Zukunft. Wann immer sie krank sind, werde ich mich um sie kümmern.«

Auch dieser Bitte stimmte der Buddha zu. Als der Arzt ihn für den nächsten Tag zum Essen einlud, war er ebenfalls einverstanden. Dann aber gingen wir zurück zum Nordtor und zum Bambushain.

Unterwegs sprach Devadatta den Buddha an: »Herr, ist es denn richtig, dass du dich einladen lässt? Asketen sollten in aller Strenge leben und – aus dem Haus hinausgezogen – sich nicht erneut in ein Haus einladen lassen. Wirst du dir damit nicht selber untreu?«

Der Buddha blieb stehen und schaute ihn an: »Devadatta, der Erwachte lehrt den mittleren Weg: Nicht übermäßiger Luxus, nicht Prunk und Reichtum sind richtig, aber auch nicht übermäßige Askese, nicht Hunger und Elend. Vielmehr ist der Weg richtig, der in der Mitte geht. Der allein führt zum Ziel.

Gleichwie ein Mann eine Wachtel, einen zierlichen Vogel, mit beiden Händen fest umklammert hält. Würde nicht dieser feste Griff das Tier umbringen, seinem Leben ein Ende setzen und hätte der Mann dann kein Tier mehr? Und umgekehrt, würde der Mann die Wachtel nur schlaff und lose halten, würde der Vogel nicht wegfliegen und hätte der Mann dann ebenfalls kein Tier mehr?

Dagegen der mittlere Weg: nicht zu fest, nicht zu weich, nicht zu hart, nicht zu schlaff, vielmehr wohl überlegt, wohl entschieden, wohl getan. Das ist der Weg des Buddha, das ist der Weg, den ich euch lehre. Und deshalb, Devadatta, werde ich morgen am Mahl des Jivaka teilnehmen.«

Am Nachmittag gingen wir noch einmal in die Stadt, doch dieses Mal durch die einzelnen Wohnviertel hindurch, am Königspalast vorbei in einen weiteren, den südöstlichen Teil des Talkessels. Auch hier ragten hohe Berge mit schroffen Felsen über die Häuser der Königsstadt hinauf. Auf den Graten der Berge war nur zum Teil die Ringmauer zu sehen, an einigen Stellen war ihr Bau noch nicht vollendet.

Der Buddha führte uns hinter den letzten Häusern in einen kleinen Hain. Große Mangobäume ragten hoch hinauf, ihre breiten Blätter gaben reichlich Schatten, den wir nach der drückenden Schwüle der Stadt als überaus angenehm empfanden. Noch waren die länglichen Mangofrüchte grün und unreif. Doch es würde nicht mehr lange dauern, da würden auf dem Markt in der Stadt ganze Körbe voll reifer Mangos mit ihrer weichen, gelborangefarbenen Schale angeboten werden. Die Leute, vor deren Tür wir schweigend unsere Bettelschalen hochhielten, würden uns außer Reis und anderem auch Mangofrüchte geben. Ich freute mich bereits auf ihren süßen, erfrischenden Geschmack.

»Hier ist der Hain des Jivaka, der Mangowald«, erklärte uns der Buddha. »Wir werden noch eine Nacht im Bambuswald übernachten, dann aber hierher kommen. Von hier aus ist es nicht weit bis zu dem Platz, an den ich euch jetzt führe und an dem ich euch die Lehre vortragen möchte.«

Der Buddha führte uns hinter dem Mangohain einen Abhang hinauf. Zuerst war der Weg leicht zu gehen, doch schon bald wurde der Anstieg steiler und felsiger, an einer Stelle mussten wir die Hände ein wenig zu Hilfe nehmen. Wir kamen an zwei Höhlen vorbei. Maudgalyayana erzählte mir, dass der Buddha früher in einer der Höhlen übernachtet hatte.

Wir nahmen eine letzte Biegung und gelangten auf eine Felsplattform, auf der wir uns niederließen. Von hier oben sah man, wie die Berge die Königsstadt wie ein Ring umschlossen. Im Tal erkannten wir den Mangowald, weiter hinten den Palast König Bimbisaras, die Wohnviertel der Reichen, den Hauptbasar, die ärmeren Stadtviertel und die königlichen Schmieden. Die Sonne hatte den Felsen in einen warmen Sitzplatz verwandelt, hier war ein guter Platz zur Rast.

»Seht ihr hier das Felsgebilde?«, erklärte der Buddha. »Es ähnelt einem hungrigen Geier, der auf Beute wartet. Darum wird dieser Platz der Geiergipfel genannt. Ihr aber, ihr Mönche, solltet auf diesem Platz auf die Lehre warten, ihr entgegenstreben, gleichwie der Geier auf Beute wartet.«

Er verstummte nur kurz, dann hob er erneut an: »Von den Gefahren will ich sprechen, auf die ein Mönch treffen kann, ich will in einem Gleichnis davon reden.

Gleichwie es vier Gefahren gibt, die ein Badender zu erwarten hat – welche vier sind das? Die Gefahr der Woge, die Gefahr des Krokodils, die Gefahr des Strudels, die Gefahr des Haies.

Ebenso nun, ihr Mönche, gibt es vier Gefahren für die, die aus dem Haus in die Hauslosigkeit hinausgezogen sind und die der Lehre anhängen – welche vier sind dies? Die Gefahr der Woge, die Gefahr des Krokodils, die Gefahr des Strudels, die Gefahr des Haies.

Die Gefahr der Woge: Da ist einer, der der Welt entsagt und sich der Lehre zugewandt hat, und er wird belehrt von anderen Mönchen, die jünger sind als er. Dann würde er denken: Früher im Haus habe ich andere belehrt, meine Kinder, meine Diener, jetzt aber soll ich mich belehren lassen? Und darüber zornig geworden gibt er seinen Weg auf. Die Gefahr der Woge: das ist eine Bezeichnung für den Zorn und die Wut.

Die Gefahr des Krokodils: Da ist einer, der der Welt entsagt und sich der Lehre zugewandt hat, und er wird belehrt, wann und was er essen darf und wann und was er nicht essen darf. Und dieser würde sagen: Ich will essen, wann und was ich will. Und maßlos geworden gibt er seinen Weg auf. Die Gefahr des Krokodils: das ist eine Bezeichnung für Gefräßigkeit und Maßlosigkeit.

Die Gefahr des Strudels: Da ist einer, der der Welt entsagt und sich der Lehre zugewandt hat, und er wird sich auf den Weg machen, aber seine Sinne nicht zügeln, seine Rede nicht hüten, sein Handeln nicht kontrollieren. Die Güter der Welt möchte er genießen. Und gierig geworden gibt er seinen Weg auf. Die Gefahr des Strudels: das ist eine Bezeichnung für Gier und Habsucht.

Die Gefahr des Haies: Da ist einer, der der Welt entsagt und sich der Lehre zugewandt hat, und der erblickt auf seiner Wanderung eine Frau, halbverhüllt nur, schön und reizend anzusehen. Und er gibt seinem Verlangen nach. Und begehrlich geworden gibt er seinen Weg auf. Die Gefahr des Haies: das ist eine Bezeichnung für die Frau und ihre Reize.

Das also, ihr Mönche, sind die vier Gefahren, die ihr zu erwarten habt. Bemüht euch und führt ein Leben in Reinheit, um dem Leiden ein völliges Ende zu bereiten.«

Wir verneigten uns vor dem Buddha.

Rajagriha

Rajagriha (Sanskrit), Rajagaha (Pali), heute Rajgir genannt, war zur Zeit des Buddhas die Hauptstadt des Königreiches Magadha. Während der ersten Jahre der Lehrtätigkeit des Buddha regierte König Bimbisara das Reich. Er war vom Buddha selbst zum buddhistischen Glauben bekehrt worden. Sein brutaler Sohn Ajatashatru ließ seinen Vater im Gefängnis verhungern und verlegte die Hauptstadt des Reiches nach Patna am Ganges. Heute ist der Ort verlassen.

Der Buddha hielt seine Lehrreden oft auf dem Geiergipfel oberhalb des Talkessels von Rajagriha.

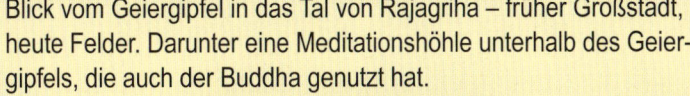

Blick vom Geiergipfel in das Tal von Rajagriha – früher Großstadt, heute Felder. Darunter eine Meditationshöhle unterhalb des Geiergipfels, die auch der Buddha genutzt hat.

Das im Tal gelegene Rajagriha war von einer gewaltigen Stadtmauer umgeben, der Zyklopenmauer (links oben). Von ihr sind ebenso Fundamentreste erhalten wie vom Palast des Königs Bimbisara.

Vor dem nördlichen Stadttor liegt ein Bambushain, der von Buddha und seinen Mönchen oft als Lagerstätte genutzt wurde.

Von japanischen Buddhisten wurden in vielen Ländern Asiens nach dem Zweiten Weltkrieg »Friedenspagoden« gebaut, so auch auf dem Hügel oberhalb des Geiergipfels in Rajagriha. Dieser Gipfel taucht in den Schriften über Buddha nicht auf, wohl aber hat man von dort einen guten Blick über die Stadt Rajagriha und die Berge ringsum (Bilder rechte Seite).

Wenn diese Saat gesät ist,
hat sie die Todlosigkeit zur Frucht.
Wenn man diese Saat gesät hat,
wird man von allen Leiden erlöst.

Das Gleichnis vom Floß

Wir blieben mehrere Wochen in Rajagriha. Unsere gelbbraunen Gewänder gehörten am Morgen zum Stadtbild. Manche Bewohner der Königsstadt erwarteten uns bereits, hielten ihre Gaben bereit, sodass wir ausreichend Nahrung hatten. Andere aber waren abweisend, wir wussten, sie hielten uns für Schmarotzer, für unnütze Esser, die auf Kosten anderer lebten. So hatten wir manchmal böse Bemerkungen zu hören, Türen wurden vor uns zugeschlagen, vor manchem Haus warteten wir mit unseren Schalen vergeblich.

Eines Nachmittags beklagte ich mich bei Maudgalyayana über solche Erfahrungen. Wir kamen ins Gespräch und Anuruddha meinte: »Vielleicht ist das ja auch nicht ganz falsch. Was tun wir denn für diese Leute? Was berechtigt uns, von ihnen Gaben zu nehmen?«

Und als weitere Antwort erzählte Maudgalyayana eine Geschichte, die er selbst mit dem Buddha erlebt hatte:

»Eines Tages, zur Zeit der Trockenaussaat, als die jungen Reispflanzen in die Felder eingesetzt wurden, verteilte der Brahmane Bharadvaja Essen an seine Arbeiter. Der Buddha, gerade des Wegs vorbeigekommen, stellte sich, ohne ein Wort zu sagen, mit seiner Schale in die Reihe der Arbeiter, um ebenfalls Nahrung zu erhalten. Als Bharadvaja ihn in seinem Asketengewand sah, schüttelte er den Kopf: ›Ich, Mönch, pflüge und säe, und wenn ich gepflügt und gesät habe, dann erst esse ich. Auch du, Mönch, pflüge und säe, und wenn du gepflügt und gesät hast, dann magst du essen.‹

Der Buddha antwortete ihm: ›Auch ich pflüge und säe, Brahmane.‹

›Wie denn das, da ich bei dir keinen Pflug und keine Aussaat sehe, kein Joch und keinen Ochsen?‹

Und der Buddha sprach:

›Der Glaube ist das Saatkorn,
Selbstzucht der Regen,

Erkenntnis ist mir Joch und Pflug,
Gewissenhaftigkeit ist die Deichsel,
das Denken das Joch,
Besonnenheit ist mir Pflugschar und Treibstock.
So ernte ich Wahrheit, selige Ruhe und inneren Frieden.
Wenn diese Saat gesät ist,
hat sie die Todlosigkeit zur Frucht.
Wenn man diese Saat gesät hat,
wird man von allen Leiden erlöst.‹

Sprachlos stand der Brahmane da, dann aber nickte er und sagte: ›Wenn du so pflügst und säest, dann sollst du auch Essen haben.‹

Doch das Erstaunliche, Ananda, kommt noch. Jetzt lehnte der Erhabene es ab, von diesem Brahmanen Essen zu bekommen. Durch Sprüche wollte er sich kein Essen verdienen, es sollte freiwillig gegebenes Almosen sein.

Sieh, Ananda, wir Mönche pflügen und säen wie der Buddha. Wir säen die Lehre des Buddha aus und dafür steht uns Essen zu, ohne dass wir uns darum groß Gedanken machen müssen.«

Nachmittags saßen wir oft zum Lehrgespräch im Bambushain zusammen oder auch auf dem Geiergipfel. Ich genoss von dort oben jedes Mal die unbeschreiblich schöne Aussicht auf den südlichen Teil der Stadt, auf die umliegenden Berge mit der großen Mauer und der Ebene dahinter. Meist ging hier ein leichter Wind, sodass die Hitze auszuhalten war, die Schwüle des Talkessels war dort oben nicht zu spüren.

Manchmal kam auch König Bimbisara zu uns auf den Berg. Nachdem er sich als Laienanhänger zum Buddha bekannt hatte, ließ er sich von ihm in immer neuen Fragen Rat geben. Er fragte den Buddha nach Recht und Gerechtigkeit, nach einem guten Zusammenleben der verschiedenen Stände in seinem Reich, nach Krieg und Frieden. Bimbisara war jünger als der Buddha, ernsthaft und ruhig, trotz seines Amtes immer wieder den großen Fragen des Lebens nachgehend. Ich hörte, wie unser Meister zu ihm sagte:

»Höre, Bimbisara, Wegweiser zur Leidensbefreiung sind die Buddhas, nicht der Weg selber. Ein Buddha weist die Richtung, nicht aber kann er etwas dazu tun, dass ein von ihm Belehrter tatsächlich den Weg geht, den er gewiesen hat. Du aber, König, achte auf den Wegweiser und die Richtung, die er zeigt. Dann gehe mutig diesen Weg. Nimm immer neu deine Zuflucht beim Buddha und bei der Lehre.«

Eines Tages hatte Bimbisara seinen kleinen Sohn Ajatashatru mitgebracht. Er war etwa im Alter von Rahula und die beiden Jungen entfernten sich nach einiger Zeit von unserer Gruppe und sprachen miteinander unterhalb der Felsen des Geierkopfes. Doch Bimbisara wies auf seinen Sohn und fragte den Buddha:

»Wie, Herr, soll ich es halten mit diesem da? Soll zum König ich ihn erziehen, soll die Macht sein Leben bestimmen? Ich sehe den ungestümen Charakter meines Sohnes, ich sehe sein Aufbrausen, ich sehe die Kraft, die sich in ihm entwickelt, und ich mache mir Sorgen. Wird auch er sich zur Lehre bekennen, seine Zuflucht bei der Lehre nehmen?«

»Nicht zwingen kannst du ihn, König Bimbisara. Er wird selbst entscheiden und für seine Taten selbst verantwortlich sein. Doch sei ihm ein Wegweiser, lehre ihn anders zu denken, dann brauchst du ihn nicht zu zwingen, anders zu handeln.«

Später musste ich oft an diese Szene denken. Bimbisara hatte versucht, seinem Sohn ein guter Wegweiser zu sein, doch der hatte einen anderen Weg eingeschlagen, den der Gewalt und des Hasses, der Gier und der Unwissenheit. Mehr noch: Kaum an die Macht gelangt, ließ Ajatashatru seinen alten Vater in den Kerker werfen. Bimbisara verhungerte in seinem Verlies – der König, der der Mönchsgemeinde so viel Gutes getan hatte. Wir alle waren entsetzt und empört über den neuen König von Magadha. Nur der Buddha teilte unsere Entrüstung nicht. Im Gegenteil, er ging sogar zu Ajatashatru und setzte seine Bemühungen fort, ihm zur Erkenntnis der Lehre zu verhelfen. Als wir ihn darauf ansprachen, sagte er nur: »Wegweiser bin ich, kein Richter. Und, ihr Mönche: Wegweiser sind für jene besonders wichtig, die sich auf den vielen Wegen des Lebens verirrt haben.« Wir hatten Mühe, ihm bei solchen Gedanken zu folgen.

Das Geschehen gab vielleicht den Anlass zum Entschluss des Buddha, nun auch zu der zweiten großen Königsstadt aufzubrechen, die das Mittlere Land und seine kleinen Fürstentümer beherrschte, zur Hauptstadt des Kosala-Reiches Shravasti nördlich der Ganga. Von Shravasti aus hatte König Prasenajit auch die Oberherrschaft über die Shakya-Republik mit der Hauptstadt Kapilavastu, aus der der Buddha, Anuruddha, Devadatta und ich stammen. Shravasti war unser nächstes Wanderziel; der Buddha beabsichtigte, auch Prasenajit die Lehre vorzutragen und sie so in den Gebieten nördlich der Ganga bekannt zu machen.

Ein letztes Mal schritten wir durch die vertrauten Gassen von Rajagriha, ließen uns die Schalen füllen, saßen im Bambushain vor dem nördlichen Stadttor zur Mahlzeit zusammen und verließen dann die Königsstadt nach Norden. Der Buddha schritt an der Spitze der Mönchsschar, wir folgten ihm in kleinen Gruppen. Allein Rahula lief manchmal voraus, er hatte noch Mühe, dem Ernst unserer Gespräche zu folgen und suchte sich eigene Wege. Der Buddha ließ den Jungen gewähren.

Das Gebiet nördlich der Stadt war geprägt von großen Feldern, Reis gab es, dazu Linsengewächs, auch mancherlei Gemüse. Wir sahen an einigen Stellen pflügende Bauern, zwei Ochsen zogen den schweren Holzpflug, auf dem der Bauer stand, um ihn durch sein Gewicht in die Erde zu drücken. Die weiße Farbe der Ochsen passte zum Hüfttuch des Bauern. Langsam zogen sie Pfluglinie um Linie, so gerade wie es nur möglich war. Einzelne Gehöfte waren in den Feldern verstreut, kleine Häuser, aus Lehm gestampft, mit Schilf bedeckt, von brauner Farbe wie die Erde rundherum. Auf den Dächern mancher Hütten wuchsen Gurken, blühende Büsche standen neben dem Hauseingang. Die Frauen stampften mit großen Stößeln in den steinernen oder hölzernen Mörsern, einige nackte Kinder rannten vom Haus auf uns zu. Alltag des Mittleren Landes wie eh und je.

Weiter nördlich gab es zuerst kleine Waldstücke, dann immer größere Wälder. Wenn der Weg gut war, konnte man in ihnen angenehm vorankommen, die Hitze des Tages war nicht zu sehr zu spüren. Oft aber war der Weg schlecht, die schweren Ochsenkarren, die über die alte Handelsstraße nach Norden gezogen waren, hatten tiefe Furchen in den Lehmboden eingedrückt. In der Regenzeit waren solche Wege unpassierbar, sie verwandelten sich in eine Schlammwüste. Manchmal wählten wir statt der Hauptstraße nach Norden kleine Seitenwege, Pfade, auf denen wir nur hintereinander gehen konnten. Hin und wieder hieß uns der Buddha, unter einem großen Baum Platz zu nehmen und setzte zu einer Lehrrede an, über die wir auf dem weiteren Weg nachdenken konnten.

So kamen wir langsam nach Norden und erreichten an einem Vormittag erneut die Ganga, den großen, heiligen Fluss, der aus den Bergen des Himalaja kommt und weiter im Osten in das große Meer mündet. Von der Größe und gewaltigen Kraft dieses Wasserlaufs beeindruckt, blieben wir am Ufer stehen und lagerten uns in den weichen, von der Sonne aufgewärmten Sand. Gleichmäßig mit nur leicht gekräuselter Oberfläche floss der Strom dahin, das andere Ufer war weit entfernt. Einen solchen Strom konnten wir nicht durchwaten, ein Floß war nötig, um an das andere Ufer zu kommen und unseren Weg fortzusetzen. Nach einem solchen Floß müssten wir später Ausschau halten, doch vorab hörten wir auf die Worte des Buddha:

»Mit einem Floß, ihr Mönche, kann man die Lehre vergleichen. Die Lehre nämlich ist zum Hinüberschreiten geschaffen, von der Welt mit ihrem Werden und Vergehen hinüber zum Nirvana, dem Verlöschen, der Beendigung aller leidvollen Bindungen. Dieses Gleichnis also hört und richtet eure Aufmerksamkeit darauf. Ich will es euch verkünden.«

»Ja«, antwortete ich stellvertretend für alle Mönche, »gib uns ein Gleichnis.«

Und der Erhabene sprach daraufhin dies: »Ein Wanderer sieht vor sich eine große Wasserflut. Das diesseitige Ufer ist voll Gefahren und Schrecken, voll Leid und Tod. Das jenseitige Ufer aber ist sicher und gefahrlos, ist friedlich und ruhig. Es ist aber an diesem Fluss kein Schiff da, das ihn hinübertragen kann, und ebenso wenig eine Brücke, die die Fluten überquert. Da kommt dem Wanderer der Gedanke, dass er sich aus Holz, Zweigen, Schilfgras und Blättern ein Floß bauen kann, um damit heil an das andere Ufer zu gelangen. So denkt er, so entscheidet er sich und so handelt er. Am anderen Ufer angekommen, denkt er: Dieses Floß war mir sehr nützlich. Ich will es tragen und mitnehmen, wohin ich auch gehe. Wenn er so denkt, ihr Mönche, dann handelt dieser Mann nicht richtig. Denn jetzt braucht er das Floß nicht mehr. Es wird ihm sogar zur Last, die ihn auf seinem weiteren Weg behindert.

Ebenso, ihr Mönche, einem Floß vergleichbar, wurde euch von mir die Lehre gezeigt, zum Überqueren geschaffen, doch nicht, um sich daran festzuklammern. Wenn ihr Mönche dieses Gleichnis vom Floß versteht, könnt ihr, an das andere Ufer gelangt, sogar die wahre Lehre aufgeben, wie viel mehr aber jetzt bereits die falschen Lehren.«

So sprach der Buddha und wir bedachten seine Worte. Ich hielt dieses Gleichnis ebenso wie viele andere seiner Lehren genau in meiner Erinnerung fest. Später einmal, nach dem Hinübergang des Buddha ins Nirvana, ins nachtodliche Verlöschen, fragten mich die anderen Mönche oft nach einer Lehre, einem Gleichnis, einer Bildrede des Meisters und ich konnte sie aus dem Gedächtnis rezitieren.

»Kannst du uns, Erhabener, dieses Gleichnis vom Floß noch weiter ausführen?«

»So, ihr Mönche, ist es mit dem Strom und dem Floß. Hört erneut von den vier edlen Wahrheiten:

Die erste Wahrheit, die Wahrheit vom Leiden, sieht auf das diesseitige Ufer. Es ist voller Gefahren, weil alles zerbricht und auch zeitweiser Friede nicht anhält. Leiden und der Leidenskreislauf machen das diesseitige Ufer aus. Indem ein Mensch dies erkennt, das diesseitige Ufer wahrnimmt und nicht einfach in seinen Gewohnheiten verharrt, kann er zur wahren Einsicht kommen und falsche Vorstellungen abtun.

Die zweite Wahrheit, die Wahrheit von der Ursache des Leidens, entdeckt den breiten, reißenden Strom, der das diesseitige Ufer des Leidens vom sicheren anderen Ufer trennt. Und der Mensch erkennt, dass dieser Strom die hinreißenden Triebe sind, die ihn mal hierhin, mal dorthin führen. Nur mit der Kraft der Willensstärke können diese hinreißenden Triebe, die Strudel von Gier und Hass, überwunden werden. Dies aber geht nicht dadurch, dass man am diesseitigen, nur scheinbar sicheren Ufer bleibt, sondern man muss sich hinauswagen auf die Unsicherheit des strömenden Wassers, auf den weiten Strom, um gegen diese Strömung anzukämpfen.

Die dritte Wahrheit, die Wahrheit von der Überwindung des Leidens, erkennt, dass das andere Ufer die sichere Heimat ist, die einzige echte Sicherheit, das feste Land, wo man solchen Boden unter die Füße bekommt, der nie wieder zerbricht. Dort ist das Nirvana, die Stätte der Freiheit von den hinreißenden Trieben, der Ort der vollkommenen Durststillung und das Ende der Gier, dort verwirklicht sich das Heil.

Die vierte Wahrheit, die Wahrheit vom edlen achtfachen Pfad, besteht darin, sich aus acht starken Ästen ein Floß zu bauen und mit ihm über die Triebströmung hinüberzurudern, in der unerschütterlichen Gemütsruhe, die darin bedingt ist, dass man das Leidensufer verlässt und sich dem Ufer des Heils immer mehr nähert. Glück über die Erfahrung der Wahrheit, Friede und Ruhe, Wohl und Tugend, das sind die Stimmungen, die sich auf dem Floß entfalten.

Das also ist die Lehre des Erwachten, das Gleichnis vom Floß. Überwindet, ihr Mönche, auf dem Floß der Lehre den Strom der Triebe und der Lebensgier. Gelangt so vom diesseitigen, unsicheren Ufer des Leidens zum jenseitigen, sicheren Ufer der Leidensbeendung und des Erlöschens im Nirvana.«

Nach den Worten des Buddha herrschte Stille unter den Mönchen. Lange blickten wir auf die braungelben Wasser der Ganga, die sich, von großer Kraft getrieben, an uns vorbeischoben. Am Ufer des Flusses plätscherte das Wasser ein wenig, gurgelte und spielte mit dem Sand vor unseren Füßen.

Die Lehre des Buddha ist wie ein Floß, auf dem man an das andere Ufer gelangen kann. Ich hatte dieses Floß bestiegen, als ich mich aus dem Haus in die Hauslosigkeit aufmachte und dem Buddha folgte. Nun lag es an mir, weiter zu rudern und an das andere Ufer zu gelangen. Als Erster der Mönche stand ich auf.

Ein wenig weiter fanden wir einen Fährmann, der uns mit dem Boot über die Ganga setzte. Er hatte schwer zu arbeiten, brauchte alle Kraft, um die Ruder durch die braunen Fluten zu ziehen und die Richtung auf das jenseitige Ufer zu halten, so stark war die Strömung. So stark sind die

Begierden, durchfuhr mich ein Gedanke, so stark wie diese Wasserflut der Ganga. Doch langsam näherte sich das jenseitige Ufer. Hier wurde der Fluss flacher und war nicht mehr so reißend. Der Fährmann konnte leichter die Ruder durch das Wasser ziehen, die Schwierigkeiten des Anfangs waren überwunden. Ob das wohl auch mit meinen Anstrengungen so gehen wird? Werde ich umso leichter vorankommen, je mehr ich mich der wahren Erkenntnis nähere? Das Gleichnis vom Strom und dem Floß beschäftigte mich auf der ganzen Überfahrt und noch darüber hinaus.

Unser Weg ging jetzt häufiger durch unwegsames Gelände. Hier mussten wir auch auf wilde Tiere achten, es gab Raubtiere, selbst wilde Schweine, die, wütend geworden, einen Menschen durchaus angreifen konnten. Auch Schlangen und Skorpione gehörten zu den alltäglichen Gefahren der Wanderer im Wald, mehr freilich in der Regenzeit als jetzt. Doch wir kamen gut voran, nur belästigt durch die unzähligen Moskitos, die uns umschwirrten. Auch sollte es in diesem Gebiet immer wieder Räuber geben, die die durchziehenden Kaufleute überfielen und ausplünderten. Allein, was sollten Räuber bei Bettelmönchen schon erwarten können? Wir folgten dem Buddha auf seinem Weg in den Norden.

Meist übernachteten wir in der Nähe eines Dorfes oder einer kleinen Stadt. So konnten wir uns morgens mit unseren Schalen auf den Weg machen, Gaben von den Bewohnern der Orte zu erlangen.

Geschlafen wurde unter hohen Bäumen, umgeben von den nächtlichen Geräuschen des Waldes: vom Dauergekreisch der Zikaden, vom Bellen der Schakale, vom Rufen des Falkenkuckucks und vielen anderen Geräuschen, die wir nicht zuordnen konnten, die mir manchmal Schrecken und Angst einjagten. Überall gab es kleine Bäche oder Wasserstellen, sodass wir genug zu trinken schöpfen konnten. Wir durchzogen mehrere Stammesrepubliken, kamen wieder in dichter bewohnte Gebiete, dann wieder in nahezu unzugängliche Wälder. Mehr als zwei Monate waren wir unterwegs.

Hin und wieder machte der Buddha auch am Rand einer Stadt eine mehrtägige Rast. Dann verkündete er den Leuten, die zum Rastplatz der Mönche kamen, seine Lehre. Es kam vor, dass einer von seinen Worten so gepackt war, dass er sich unserem Kreis anschloss, seine Zuflucht beim Buddha, der Lehre und der Gemeinschaft der Mönche suchte und mit uns ging.

Es gab aber auch Widerstand. So trafen wir bei Ramagama, der Hauptstadt des Stammes der Koliya, auf einen Brahmanen. Mit vor Zorn hochrotem Kopf begann er, den Buddha zu beschimpfen. Ein Verwandter von ihm hatte sich uns angeschlossen und das reizte ihn dermaßen, dass er jede Form und Höflichkeit vergaß.

Der Buddha hörte ihm mit Gleichmut und Ruhe zu. Als der Brahmane eine Atempause machte und danach wieder losschimpfen wollte, fragte er ihn unverhofft, ob er manchmal Gäste habe. Der Brahmane bejahte dies, verblüfft über den Themenwechsel.

Der Buddha fragte weiter: »Was nun, Brahmane, geschieht dann mit den Speisen, die nach dem Mahl der Gäste übrig bleiben, die sie nicht annehmen?«

»Solche Speisen, Asket, verkommen bei mir nicht. Solche Speisen, die von den Gästen nicht angenommen werden, esse ich selbst.«

»So denn«, fuhr der Buddha gelassen fort, »die Beschimpfungen, die du für uns zubereitet hast, nehmen wir nicht an. Du kannst sie nun selber aufessen.«

Sprach es und ließ den Brahmanen stehen. Wir Mönche konnten uns ein Lachen nicht verkneifen. Als wir uns nach einigen Schritten umdrehten, stand der Brahmane immer noch da – mit offenem Mund starrte er uns nach.

Wir aber schritten aus, unserem Ziel, der Königsstadt Shravasti, entgegen.

Nalanda und Ganges (Ganga)

Auf dem Weg zum Ganges und weiter nach Varanasi und Sarnath kam Buddha durch den Ort Nalanda. Nach seinem Tod wurde hier die zusammen mit Taxila (in Pakistan) bedeutendste buddhistische Universität aufgebaut. Sie bestand bis zur muslimischen Eroberung im 12. Jahrhundert.

In Nalanda wurde neben den buddhistischen Schriften (ab 2. Jahrhundert vor der Zeitenwende) auch Astronomie, Mathematik und Medizin gelehrt. Heute sind in der weiten Ausgrabungsfläche die Reste von elf Klöstern mit ihren Mönchszellen zu sehen, außerdem eine Reihe von Tempeln und ein 31 Meter hoher Stupa.

Ich erfrische diese Welt wie eine Wolke,
die gleichmäßig Wasser über alle ausgießt.
Dieselbe Erleuchtung ist
für Edelgeborene und Niedrige,
für Schlechte wie auch für Tugendhafte.

In Shravasti

Schon von weitem sahen wir die hohen Gebäude des Königspalastes über dem aus Lehm gestampften, von Palisaden gekrönten Stadtwall aufragen, umschlossen von einem wassergefüllten Graben. Shravasti lag nicht wie Rajagriha inmitten von Bergen, eingebettet in eine schützende Hügelkette. Vielmehr erstreckte sich um diese nördliche Königsstadt eine weite Ebene ohne jede Erhebung. Nur ganz selten, an überaus klaren Tagen konnte man im Norden die ersten Berge hinter den Dschungelgebieten des Terai mehr erahnen als wirklich erkennen. Die Gegend um Shravasti war reich an fruchtbaren Reisfeldern. Kleine Dörfer und Gehöfte umgaben die Stadt, die benötigten Lebensmittel wurden in ihrer Nähe erzeugt. An einigen wenigen Stellen, besonders im Süden, gab es vor den Stadttoren einzelne Haine, kleine Wälder, die meist den Reichen und Mächtigen der Stadt gehörten und in denen diese vor der Hitze der Sommerzeit Zuflucht suchten.

Der König von Kosala, der Maharaja Prasenajit, war wie König Bimbisara von Magadha erst wenige Jahre im Amt. Als er als junger Mann von der Universität Takshashila im Westen zurückkam, war er von seinem Vater Mahakosala in einer feierlichen Zeremonie gekrönt worden und hatte die Macht im großen Kosala-Reich übernommen. Seine Herrschaft erstreckte sich von den Dschungelgebieten des Nordens bis zur heiligen Stadt Varanasi an der Ganga im Süden. Im Osten gehörten die kleinen Fürstentümer und Republiken dazu, auch die von den Gautamas verwaltete Shakya-Republik. Stammesgebiete ergänzten das Königreich.

Prasenajit war ein gebildeter junger Mann. In Takshashila hatte er Recht und Politik studiert, dazu die Kunde der Veden, der Riten und der Magie. Auch Medizin und Kriegsführung gehörten zum Studienprogramm in Takshashila. Doch das schien ihn nicht so sehr interessiert zu haben, ein großer Krieger ist Prasenajit nie geworden. Man erzählte sich viele Geschichten von ihm und seinen vielen Frauen, man erzählte von großen Festen und Gastmählern – der junge König genoss das Leben. Solange es auch den Bewohnern seines Reiches gut ging, war es ihnen recht.

Wir näherten uns dem östlichen Stadttor, das in einem Winkel angelegt war, um leichter verteidigt werden zu können. Die Kunde von unserem Kommen hatte sich schon in der Stadt verbreitet, denn aus dem Stadttor kam uns ein prächtig gekleideter Mann mit großem Gefolge entgegen. Ich erkannte ihn sofort wieder: Es war der Goldhändler und Bankier Anathapindada, einer der reichen Kaufleute aus Shravasti.

Wir hatten Anathapindada in Rajagriha kennen gelernt, wo er bei einem Geschäftsfreund einkehrte und dabei den Buddha zum ersten Mal getroffen hatte. Anathapindada war nicht nur an seinen Geschäften interessiert, vielmehr hatte ihm der Erhabene auch Unterweisung in der Lehre gegeben. Nach einigen Tagen war Anathapindada überzeugt, bekannte sich als Laienanhänger des Buddha und sprach die Formel der dreifachen Zuflucht aus.

Am Tag vor seiner Rückkehr nach Shravasti hatte Anathapindada den Buddha noch einmal aufgesucht: »Komm doch, Erhabener, bald einmal nach Shravasti. Ich werde dort für einen ehrenvollen und angenehmen Ort sorgen, an dem du und deine Mönche sich lagern können.«

»Ich nehme dies an, ehrenwerter Anathapindada«, hatte der Buddha geantwortet. »Allein, denke daran, dass nur ein solcher Ort gut und angenehm ist, der so weit vom Lärm der Stadt entfernt liegt, dass die Mönche nicht in der Meditation gestört werden.«

Dies hatte Anathapindada zugesagt. Ob er sein Versprechen wohl wahr gemacht hatte? Ich betrachtete den groß gewachsenen Kaufmann in der traditionellen Tracht der Reichen. Kostbare Gewänder aus Varanasi-Seide hüllten ihn ein, goldenen Schmuck trug er reichlich, ein Schirm, den ein Diener trug, hielt nicht allein die Strahlen der Sonne ab, sondern verdeutlichte auch die Stellung des Kaufmanns: Hier war ein Reicher, der Präsident der Goldschmiedegilde, dem man Ehre zu erweisen hatte. Dieser angesehene Bürger Shravastis aber beugte sich – zum Entsetzen seiner Diener und zu unserem Erstaunen – nun tief vor dem Buddha, fiel ihm zu Füßen und ehrte seinerseits den Erhabenen:

»Sei gegrüßt, Erhabener, Wohlergehen und Gesundheit mögen dich begleiten. Ich freue mich, dass du zu meiner Stadt gekommen bist. So gewähre mir eine Bitte.«

Der Buddha schwieg und zeigte damit seine Zustimmung.

»Versprochen habe ich dir«, fuhr Anathapindada fort, »einen würdigen und angenehmen Ort, an dem du dich lagern kannst. Einen Ort, der auch geeignet ist, dass man dort Hütten für dich und deine Mönche bauen kann, sodass euch die kommende Regenzeit nichts anhaben kann und ihr dort ungestört leben könnt. Versprochen habe ich dir einen solchen Ort und ich habe ihn gefunden: den Hain des Prinzen Jeta, einen lichten Hain mit hohen Bäumen und leuchtenden Blumen, einen Hain, der Mensch und Tier angenehm ist. Nimm ihn an aus meiner Hand.«

Der Buddha nickte und beschloss, dass wir gleich zu diesem Hain gehen und erst am nächsten Tag die Stadt betreten sollten. So wandten wir uns nach Süden, gingen an der Stadtmauer, die sich auf dem Erdwall erhob, außen entlang bis zum Südtor Shravastis und wandten uns dann noch weiter nach Süden. Nach kurzem Weg erreichten wir einen Wald, der wirklich angenehm und für uns geeignet war: den Jetavana, den Hain des Prinzen Jeta, von Anathapindada für viel Geld gekauft und dem Mönchsorden zur Verfügung gestellt. Hier konnten wir aus Bambus und Schilf einfache Hütten bauen und viele Regenzeiten verbringen. Anathapindada hatte uns mit seiner Stiftung sehr geholfen. Wir waren ihm zu Dank verpflichtet, doch er dankte umgekehrt uns, dass wir seine Gabe angenommen hatten.

Die hohen Bäume des Hains boten uns genügend Platz für unser Lager. Mango- und Ashokabäume waren angenehm zu betrachten, viele blühende Büsche leuchteten im Schatten der hohen Stämme. Ein kleiner Teich war nur zum Teil mit Lotosblumen bedeckt, an einer Seite war der Teich tiefer und deshalb von Pflanzen frei; dort, wo jetzt einige Kinder aus der Stadt plantschten, konnten auch wir baden, uns abkühlen und reinigen. Es war ein guter Ort.

Zur Stadt war es nicht weit, sodass wir am nächsten Tag bereits früh in die Menschenmenge eintauchten, die sich durch die Gassen und Winkel schoben, mit den verschiedenen Handwerkern der einzelnen Viertel Geschäfte machten, auf dem Markt das nötige Getreide und Gemüse einkauften, mit Bekannten ein Schwätzchen hielten. Wir schritten an den Häusern der ersten Straßen vorbei und hatten bald unsere Schalen gefüllt, sodass wir zur Mahlzeit in den Jetavana zurückkehren konnten.

Am Spätnachmittag aber erlebten wir eine Überraschung. Am Rand des Jetavana tauchten Diener und Soldaten auf, kamen auf uns zu, hinter ihnen wurde eine prunkvolle Sänfte getragen, hinter ihr sah man weitere Diener und Wächter mit Schwertern und Lanzen. Unmittelbar vor uns wurde die Sänfte abgesetzt, der seidene Vorhang an der Seite zurückgezogen, ein noch junger, ausgesprochen dicker Mann quälte sich aus dem Sitz der Sänfte. Staunend und regungslos blieben wir stehen. Das war König Prasenajit. Er hatte von dem Bettelmönch gehört, der zu seiner Stadt gekommen war, jenem Mann, der Sohn eines ihm unterstellten Raja war, und den man den Buddha, den Erwachten und Erleuchteten nannte. Verwundert hatte er die Berichte gehört, dass der Sohn Shuddhodanas, der Shakya-Prinz, am Morgen als Bettler durch die Straßen der Stadt zog – seine Soldaten und Wächter übermittelten ihm ohne Verzug, was in der Stadt und vor ihren Toren geschah. Nun wollte er genau wissen, was es mit diesem sonderbaren Menschen auf sich hatte.

»Sei gegrüßt, Siddhartha Gautama«, begann der König, ein wenig keuchend, »edler Prinz aus dem Shakya-Geschlecht. Ich bin verwundert, dich hier so zu sehen. Man hat mir gesagt, du erhebst den Anspruch, ein vollkommener Buddha zu sein, einer, der die höchste Erleuchtung erlangt hat, einer, der das Ziel erreicht hat.«

»In der Tat, das ist so, König.«

»Weißt du, schon viele haben dies behauptet, viele Brahmanen und Priester, viele Oberhäupter von Schulen und viele Rishis. Nur, solche Männer waren von hohem Alter, geprägt von einem langen Leben und vielen Erfahrungen, konnten zurückblicken auf ein Leben als Asket und Suchender über viele Jahrzehnte hinweg. Wie kannst du ein Erleuchteter sein, der du noch jung bist an Jahren? Gib mir eine Erklärung.«

»Vier Dinge, o König, dürfen nicht gering geschätzt werden, nur weil sie jung sind: ein Krieger, eine Schlange, ein Feuer und ein Mönch.«

Der junge König sah den Buddha nachdenklich an. Er hatte verstanden, dass man ihn mit seinen jungen Jahren ebenso nach seiner Berechtigung fragen könnte, ein so großes Reich wie das von Kosala zu regieren. Das Alter des Mönchs sagt also nichts aus über die Bedeutung seiner Lehre, das verstand er. Aber was hob nun die Lehre des Buddha von den vielen anderen Lehren ab, die im Mittleren Land verbreitet wurden?

»Erkläre mir deine Lehre. Wie unterscheidet sie sich von den vielen anderen? Was hebt sie über alle anderen hinaus?«

»Gleichwie etwa, o König, unter den Wurzeldüften der schwarze Rosenlauch in seiner Art als vorzüglichster gilt, unter den Kernholzdüften der rote Sandel in seiner Art als vorzüglichster gilt, unter den Blumendüften der weiße Jasmin in seiner Art als vorzüglichster gilt, ebenso nun auch ist die Belehrung des Buddha die beste in heutiger Zeit.«

Dann fuhr der Buddha fort: »Wisse, o König, es gibt Leute, die unwillig, unter Zwang, nicht mit Zuversicht aus dem Haus fort in die Hauslosigkeit gezogen sind, Heuchler, Scheinheilige, aufgeblasene Windbeutel, geschäftige Schwätzer und Fabulierer, gleichgültig und lässig in ihrer Lebensweise, anspruchsvoll und aufdringlich, mit mattem, schwachem Herzen, verworrenem, unklarem Kopf und unbeständigem, zerstreutem Geist, Beschränkte und Stumpfe – mit all denen habe ich keine Gemeinschaft.

Es gibt aber auch edle Söhne, die aus Zuversicht aus dem Hause fort in die Hauslosigkeit ausgezogen sind, keine Heuchler, keine Scheinheiligen, keine aufgeblasenen Windbeutel, keine geschäftigen Schwätzer und Fabulierer, wachsam und aufmerksam, eifrig in der Ordenspflicht, anspruchslos, nicht aufdringlich, vor allem Einsamkeit suchend, mit starkem, mutigem Herzen, mit einsichtigem, klarem Kopf, mit beständigem, gesammeltem Geist, Weise und Kluge – mit solchen habe ich Gemeinschaft.«

»Vortrefflich hast du gesprochen, vortrefflich. Ich möchte mehr von dir hören.«

An den folgenden Tagen kam König Prasenajit jeden Tag zum Buddha. Er zeigte sich uns als ein nachdenklicher Mensch, dem nicht bloß Regieren und Herrschen wichtig waren, sondern der offen war für die tieferen Fragen des Lebens. Er hatte eindeutig eine Neigung zur Philosophie und einer Religiosität, die nicht bei den äußeren Riten der Brahmanen stehen blieb, sondern das Leben tiefer ergründen wollte. Hier trafen wohl sein Charakter und die gründliche Ausbildung in Takshashila zusammen.

Einmal kam er und begann sofort mit neuen Fragen: »So vieles sagen die Asketen und Brahmanen, so viele Thesen werden von ihnen verkündet: ›So ist die Welt‹, sagen die einen, die anderen ›So ist die Welt nicht‹. ›So ist der Tod‹, sagen die einen, ›So ist der Tod nicht‹ die anderen. Und dann streiten sich die Weisen und Brahmanen, sie gehen aufgeregt aufeinander zu und jeder sagt zu seiner Ansicht: ›Das ist wahr, alle anderen Meinungen sind Unsinn!‹ Und: ›Ich nur sehe die Dinge richtig, alle anderen haben keine Augen und sehen nichts.‹ Was nun, Erhabener, ist denn wirklich richtig? Wer hat Recht und wer Unrecht? Gib mir ein gutes Gleichnis, dass ich Erkenntnis erlange.«

»Höre, König, ein Gleichnis: Einst lebte in dieser Königsstadt Shravasti ein mächtiger König. Der gebot seinen Dienern: ›Lasst alle Blindgeborenen der Stadt an einem Ort zusammenkommen.‹

Das geschah, und als alle Blindgeborenen der Stadt an einem Ort zusammengekommen waren, ließ der König ihnen einen Elefanten vorführen und ihnen sagen: ›Das, ihr Blindgeborenen, ist ein Elefant.‹

Dann ließ der König die einen den Kopf betasten, andere das Ohr oder den Stoßzahn, den Rüssel, den Rumpf, den Fuß, das Hinterteil, den

Schwanz, die Schwanzhaare. Als dies geschehen war, fragte der König: ›Wem gleicht ein Elefant?‹

Die, welche den Kopf betastet hatten, sagten: ›Er ist wie ein Topf‹, andere, die das Ohr betastet hatten, ›wie ein geflochtener flacher Korb zum Schwingen des Getreides‹, die den Stoßzahn betastet hatten ›wie eine Pflugschar‹, die den Rüssel betastet hatten ›wie eine Pflugstange‹, die den Rumpf betastet hatten ›wie ein Speicher‹, die den Fuß betastet hatten ›wie ein Pfeiler‹, die das Hinterteil betastet hatten ›wie ein Mörser‹, die den Schwanz betastet hatten ›wie eine Mörserkeule‹, die die Schwanzhaare betastet hatten ›wie ein Besen‹. Da entstand Streit zwischen den Blindgeborenen. Und mit dem Ruf ›Der Elefant ist so und nicht so‹ schlugen sie sich gegenseitig mit den Fäusten – zur Belustigung des Königs.

So nun, edler Prasenajit, sind auch die Brahmanen und Asketen, die diese und jene Lehrmeinung vertreten. Sie sind blind. Sie bleiben unbeirrt auf ihrem Standpunkt stehen, weil sie nur einen Teil der Wahrheit sehen.«

Der König nickte. So hatte auch er schon vermutet, viele der Brahmanen und der herumziehenden Asketen waren ihm als Heuchler und Schwätzer erschienen, die mit Wortgeklingel ihre Geschäfte machten, aber nicht wirklich weiterhelfen konnten. Die Lehre des Buddha dagegen überzeugte ihn. Der hielt sich zurück mit Spekulationen über Götter und Himmel, über Tod und die Formen der Wiedergeburt, er forderte keine Riten und heiligen Gesänge, keine Opfer und Kultbräuche. Vielmehr erklärte er die vier edlen Wahrheiten, dass alles Leiden ist, dass die Gier die Ursache des Leidens ist, dass man die Gier überwinden müsse und dass dies auf dem edlen achtfachen Pfad möglich sei.

Es dauerte noch einige Zeit, dann aber neigte sich der dicke König vor dem Buddha und sagte die übliche Formel: »Nimm mich, Erhabener, als Laienanhänger an. Ich nehme meine Zuflucht zum Buddha. Ich nehme meine Zuflucht zur Lehre. Ich nehme meine Zuflucht zur Gemeinschaft.«

Ich war ergriffen, spürte ein Hochgefühl in mir. Wieder war ein entscheidender Schritt für unsere Gemeinschaft getan. Nach Bimbisara war nun auch Prasenajit für die Lehre des Buddha gewonnen. Die zwei mächtigsten Könige des Mittleren Landes bekannten sich zum Buddha. Das war für uns alle ein großer Erfolg.

Prasenajit kam weiterhin in den Jeta-Wald. Der Buddha und er fühlten sich verbunden, sie dachten in vielen Dingen gleich. Prasenajit ehrte den Buddha und der schätzte den jungen König. So wuchs zwischen den beiden Freundschaft und Zuwendung. Prasenajit berichtete dem

Buddha auch persönliche Dinge, erzählte ihm von Schwierigkeiten in seiner Familie, von der Geburt seiner Tochter, statt derer er sich einen Sohn gewünscht hätte, von seiner Trauer über den Tod seiner geliebten Gemahlin Mallika. Meist saßen der Buddha und Prasenajit allein unter einem Baum, der König auf einer Brokatdecke. Allein mir war es bestimmt, seitlich vom Buddha zu sitzen, um ihm, wenn nötig, in bestimmten Dingen behilflich zu sein. Schweigend lauschte ich dem Gespräch der beiden Männer.

Eines Tages quälte sich Prasenajit wieder aus seiner engen Sänfte. Er schnaufte und hielt sich seinen dicken Bauch.

Der Buddha lachte. »Ein gewichtiger König bist du, Prasenajit. Doch bedenke, für den Jünger gilt es, die Gier auf jedem Gebiet zu überwinden. So mäßige dich auch in dem, was du isst. Höre folgenden Spruch:

> *Ein Mensch, der stets besonnen lebt,*
> *beim Essen übet Mäßigung,*
> *der mindert seine Sinnlichkeit,*
> *wahrt Lebenskraft, bleibt länger jung.«*

»Ja, ja«, stöhnte der beleibte König. Dann aber rief er einen Diener zu sich, wiederholte den Spruch des Buddha und trug dem Diener auf, ihn vor jedem Essen durch diesen Spruch an Mäßigung zu erinnern. Der Buddha lächelte ein zweites Mal.

In der folgenden Woche war Shravasti überlaufen von Brahmanen, die aus allen Teilen des Reiches zusammenkamen. Sie hatten erfahren, dass der Buddha im Jetavana weilte. Diese Brahmanen ereiferten sich nun darüber, dass der Buddha Menschen aus allen Kasten, ja sogar Kastenlose in seine Gemeinschaft aufnahm, ja dass er sogar erklärt hatte, alle vier Kasten seien rein. Um diese, in ihren Augen falsche Lehre vom Erhabenen noch einmal bestätigt zu bekommen, sandten sie einen aus ihrer Mitte zum Buddha, Assalayano. Er war ein junger Brahmane, erst sechzehn Jahre alt, doch bereits ein Meister der altehrwürdigen Religion, der die alten Gesänge kannte, einer, der die Merkmale eines großen Weisen aufwies.

Assalayano kam zum Buddha, wechselte mit ihm einen höflichen Gruß und freundliche Worte und setzte sich dann seitwärts zu einem Streitgespräch mit dem Buddha nieder. Er sprach: »Nur die Brahmanen sind höchste Kaste, Gautama, verworfen sind die anderen Kasten; nur die Brahmanen sind helle Kaste, dunkel die anderen Kasten; nur Brahmanen sind rein, weil Brahmas Söhne, von edler Abstammung, Erben Brahmas. Was sagt der Herr Gautama dazu?«

»Was meinst du, Assalayano: Es ließe da ein König, eine Schar von Männern verschiedener Geburt zu sich kommen, Kshatriyas, Brahmanen, Edle, aber ebenso Treiber, Jäger, Korbflechter, Radmacher und Gärtner, und würde ihnen sagen: ›Nehmt ein Reibholz von einem Baum oder einem Trog und macht damit Feuer, bringt Licht hervor!‹ Und die Krieger und Priester würden mit dem Reibholz Feuer und Licht hervorbringen, die Jäger und Korbflechter würden ebenso mit dem Reibholz Feuer und Licht hervorbringen. Hat etwa nur das Feuer der einen Flamme Glanz und Leuchtkraft, das Feuer der anderen aber keine Flamme, keinen Glanz und keine Leuchtkraft? Kann man nur das Feuer der einen verwenden, das der anderen aber nicht?«

»Von beiden Gruppen , Gautama, kann man das Feuer verwenden.«

»Wenn es aber auf das Feuer und das Licht ankommt und nicht auf die verschiedene Geburt, wie kann man dann sagen: ›Nur die eine Kaste ist edel und rein, ist höchste Kaste und von edler Abstammung.‹ Nicht, Assalayano, kommt es auf die Geburt an, sondern ob ein Mensch Feuer und Licht hervorbringt.«

Der junge Brahmane schwieg bestürzt. Der Buddha hatte ihn besiegt.

»Höre, Assalayano, wie ein Buddha denkt:

Ich erfrische diese Welt wie eine Wolke,
die gleichmäßig Wasser über alle ausgießt.
Dieselbe Erleuchtung ist für Edelgeborene und Niedrige,
für Schlechte wie auch für Tugendhafte.

Ohne Bedeutung ist dagegen der Unterschied der Kasten. Und deshalb können alle, gleich welcher Geburt sie sind, ihre Zuflucht nehmen beim Buddha, bei der Lehre und beim Sangha.«

Assalayano schwieg lange. Dann wandte er sich erneut an den Erhabenen: »Vortrefflich, Gautama, hast du gesprochen. Mögest du mich ab heute als deinen Anhänger betrachten.«

Jeder konnte seine Zuflucht beim Buddha suchen, war nicht länger auf die Vorzüge einer edlen Geburt angewiesen, um zur Erlösung vom Leiden zu gelangen. Das hatte mich überzeugt, die Gemeinschaft der Mönche mit unterschiedlicher Herkunft empfand ich als Bereicherung. Nur mit einem hatten wir alle am Anfang Schwierigkeiten, das war mit Angulimala.

Jeder in Shravasti hatte Angst vor Angulimala. Sein furchtbarer Ruf hatte sich im nördlichen Teil des Mittleren Landes wie ein Lauffeuer verbreitet: Angulimala, der Räuber, der Mörder, der Wegelagerer. Man fürchtete sich vor dem riesigen Mann mit dem buschigen Bart, der Kaufleute und Bauern überfiel, der den Soldaten des Königs immer wieder entkommen konnte oder sie sogar im Kampf besiegte. Er lebte in den dichten Wäldern südlich und westlich der Königsstadt. Das Schlimmste aber war, dass Angulimala jedem seiner Opfer einen Finger abschnitt und sich aus den vielen Fingerknöchelchen eine Halskette gemacht hatte, die er stolz trug und die jedem Gegenüber unüberwindbare Angst einjagte. Angulimala war der Schrecken des Reiches und bald traute sich niemand mehr in die Waldgebiete.

Niemand außer dem Buddha. Als der von Angulimala hörte, machte er sich eines Tages auf den Weg, schlug alle Warnungen vor dem bösen Räuber in den Wind und traf schon bald auf ihn.

Der herrschte ihn an: »Bleib stehen, Mönch!«

Doch der Buddha schritt unbeeindruckt weiter.

Angulimala brüllte nun lauter: »Bleib stehen, Mönch!«

Der Buddha antwortete ihm: »Ich habe innegehalten, tu du es nun auch.« Sprach's und schritt weiter.

Angulimala verstand den Buddha nicht: »Wie meinst du das, Mönch?«

»Ich habe damit innegehalten, irgendein Lebewesen zu verletzen, ich habe innegehalten mit Gier, Hass und Verblendung. Du dagegen treibst dahin wie ein Boot ohne Ruder in einer starken Strömung. Du musst innehalten.«

»Warum sollte ich das tun, Mönch?«

»Weil du nicht immer stark und wachsam sein wirst. Weil du irgendwann einmal einen Fehler machen wirst. Und dann bist du verloren. Man wird dich hinrichten und du wirst für all deine schlechten Taten eine elende Wiedergeburt erlangen. Halte also inne, Angulimala!«

Uns lief ein Schauer über den Rücken, als der Buddha aus den Wäldern wieder zu uns zurückkam – und, in seinem Gefolge, der wilde Räuber. Doch darin war der Buddha unerbittlich: Jeder konnte sich seiner Gemeinschaft anschließen, sofern er sich verpflichtete, ihre Gebote einzuhalten. Auch Angulimala wurde Mönch und nicht einmal Prasenajit konnte ihn weiter verfolgen, hatte der König doch versprochen, dass alle Mönche nichts von seinen Soldaten zu befürchten hätten, gleich was vor der Aufnahme in den Orden in ihrem Leben geschehen sei.

Alle hatten Zugang zur Gemeinschaft des Buddha mit einer großen Ausnahme: Der Buddha lehnte es strikt ab, Frauen als Nonnen aufzunehmen. Eines Tages kam seine Stiefmutter Prajapati den weiten Weg von Kapilavastu nach Shravasti. Sie neigte sich vor dem Stiefsohn, den sie großgezogen hatte, und bat den Buddha, sie in den Orden aufzunehmen. Schroff lehnte er ihr Ansinnen ab. Ich schüttelte den Kopf, Prajapati hatte doch so viel für den Buddha getan und ihre Bitte war ernsthaft. Doch er ließ sich auf nichts ein. Erst viel später konnte ich seine Meinung ändern.

Wir blieben noch einige Zeit in Shravasti. Dann begann der Buddha, einzelne Mönche in verschiedene Teile des Reiches auszusenden, um seine Lehre möglichst vielen weiterzugeben. Auch er selber dachte an Aufbruch.

Als sich das in Shravasti herumsprach, kamen einige der Laienanhänger zu uns in den Jetavana. Sie schienen traurig zu sein und sprachen den Meister mit bedrückter Miene an: »Der Erhabene will uns verlassen, nicht länger können wir ihm Verehrung geben. Möge uns der Erhabene etwas zurücklassen, das wir verehren können.«

Der Buddha besann sich, dann sagte er zu mir: »Ananda, wenn die Menschen hier im Jetavana etwas verehren wollen, so soll es so sein. Doch nicht auf mich sollen sie blicken, ich bin nur ein Wegweiser. Sie sollen ein Zeichen für die Lehre, für das Erwachen, für die Erleuchtung haben. Lass doch, sobald wie möglich, einen Ableger des Bodhibaumes aus Uruvilva hierhin kommen, pflanze ihn ein im Hain des Jeta, den uns Anathapindada gegeben hat. Das ist das Zeichen.«

So geschah es auch. Ich ließ durch einen jungen Mönch Samen des Bodhibaumes von Uruvilva nach Shravasti bringen. Anathapindada setzte den Samen im Jetavana ein und schon bald wuchs dort ein hoch aufragender Bo-Baum heran. Später hat der Buddha oft unter diesem Baum meditiert. Er wird von den Leuten dort der »Bodhi-Baum des Ananda« genannt.

Shravasti

Das Fürstentum der Shakya, aus dem der Buddha stammte, war abhängig vom zweiten Königreich im sogenannten Mittleren Land. Nordwestlich des Reiches Magadha mit der Hauptstadt Rajagriha lag das Königreich Kosala mit seiner Hauptstadt Shravasti. Zur Zeit des Buddha wurde Kosala von König Prasenajit, später von seinem Sohn Virudhaka regiert. In Kosala lebte auch der reiche Kaufmann Anathapindada, der dem Buddha den Jetavana schenkte, den Hain des Prinzen Jeta (vgl. Seite 182–183).

Palast des Prasenajit (linke Seite oben) –
Blick vom Palast zur Stupa (linke Seite unten) –
Angulimala-Stupa (ganz oben) – Stadtmauer und
Stadttor (links und unten) – Jain-Tempel (Mitte)

181

Jetavana-Kloster

Vor den Toren der Königsstadt Shravasti liegt ein Hain, der Buddha und seiner Mönchsgemeinschaft geschenkt wurde, um dort die Regenzeit zu verbringen.

Heute sind an dieser Stelle die Reste eines früher bedeutenden Klosters zu finden.

Auf einem kleinen Stupa im Jetavana-Kloster sind Blumen niedergelegt. Der Stupa repräsentiert hier den Weltenberg Meru – die kosmische Achse zwischen Erde und Jenseits.

Gleichwie eine Mutter ihr einziges Kind
mit ihrem Leben schützen würde,
so sollt ihr ein grenzenloses Herz
für alle Wesen pflegen.
Lasst eure Gedanken der grenzenlosen Güte
die ganze Welt durchdringen.

Der Mordanschlag

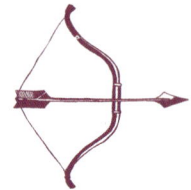

Dreißig Jahre später

Die Sonne leuchtete schon rot, als wir endlich unseren Rastplatz in der Nähe des kleinen Dorfes erreichten. Es war spät geworden, unser Weg war lang gewesen und wir waren nur langsam vorangekommen. Immer wieder hielten wir an und hörten eine Lehre des Buddha, immer wieder entdeckte der Erhabene etwas, das ihn zu einem Bildwort, einem Gleichnis anregte und das uns dann auf dem nächsten Wegstück zu denken gab.

»Hört, ihr Mönche, wie ihr euer Leben führen sollt. Ein Gleichnis will ich euch geben:

Gleichwie eine Mutter ihr einziges Kind
mit ihrem Leben schützen würde,
so sollt ihr ein grenzenloses Herz
für alle Wesen pflegen.
Lasst eure Gedanken der grenzenlosen Güte
die ganze Welt durchdringen.

So sollt ihr Mönche euren Weg gehen.«

Ich ging mit Punarvasu, einem jungen Mönch, der erst vor kurzem zur Gemeinschaft gestoßen war und am Anfang seiner Entwicklung stand. Schon bald waren wir in ein Gespräch über die Worte des Buddha vertieft, erwogen seinen Spruch über die grenzenlose Güte.

»Schwer, Ananda«, sagte Punarvasu, »überaus schwer sind die Worte des Erhabenen, schwer zu hören, schwer aufzunehmen und schwer zu leben. Wäre es nicht besser, wenn der Erhabene nicht so viel von uns erwartete?«

»Nein, im Gegenteil«, zu meinem Unwillen mischte sich Devadatta ein. Er war trotz all meiner Bedenken Mönch geworden. Ich hatte versucht, den Buddha vor ihm zu warnen, aber er hatte zugelassen, dass Devadatta mit den Mönchen wanderte, sich schließlich ganz der Gemeinschaft anschloss. Mehr noch, dieser finstere Bursche hatte Einfluss auf einen Teil der Mönche gewonnen, er gewann auch magische Fähigkeiten, die der Buddha stets als gefährlich abgelehnt hatte, konnte wie durch Hypnose Menschen beeinflussen. Mir war er immer unheimlich geblieben, aber der Buddha hatte mir gesagt: ›Ananda, behalte deine Gedanken, dieser Intrigant wird sich bald durch sich selbst verraten.‹

»Nein, im Gegenteil«, also sagte Devadatta. »Nicht zu streng ist der Erhabene, sogar zu wenig fordert er die Mönche ein. Viel strenger müsste er sein, die Mönche zu schärferer Disziplin anhalten.«

»Was soll das, Devadatta, was stellst du dir vor?« Mein Gespräch mit Purnavasu wandelte sich zum Streit mit Devadatta.

»Nun, Ananda, das sollten Mönche tun, so sollten sie leben: Gleichwie eine Hand fünf Finger hat, so sollten sie fünf strenge Regeln einhalten. Nur noch im Wald sollten sie leben, nicht in Dörfern. Nur noch Almosen sollten sie annehmen, sich nicht einladen lassen. Nur noch Lumpen sollten sie tragen, sich keine Gewänder schenken lassen. Nur noch unter dem Dach von Bäumen sollten sie leben, selbst in der Regenzeit keine Zuflucht in Hütten suchen. Nur Reis und Gemüse sollten sie essen, niemals Fleisch und Fisch annehmen. Das sind die fünf Dinge, die der Mönch beachten muss. So sollte der Erhabene die Mönche lehren.«

Ich widersprach energisch seinen Vorstellungen eines allzu strengen Lebens. Das war nicht der mittlere Weg, den der Buddha aufgrund seiner Erfahrungen mit Askese gefunden hatte, das war ein enger Weg, verkrampft und unheilvoll, der die Mönche nicht frei werden ließ für den rechten Pfad der Erkenntnis hin zur Erleuchtung.

»Du weißt doch, Devadatta, dass der Erhabene als Asket lebte und asketische Regeln beachtete wie kein anderer. Wie hat er gekämpft, wie hat er gehungert, wie hat er seinem Körper Zwang angetan – doch all das war vergebens! Erst als er den mittleren Weg beschritt, nicht Wohlleben, nicht Hungeraskese, nicht zu viel, nicht zu wenig, erst dann fand er zur Erleuchtung. So tut der Buddha recht daran, uns einen solchen mittleren Weg zu lehren und uns von jedem Übermaß fernzuhalten.«

Devadatta warf mir einen bösen Blick zu. Er wusste, dass ich ihm nie zustimmen würde, so entfernte er sich und versuchte sein Glück bei anderen Mönchen. Und bei einigen hatte er Erfolg, eine Reihe von Mönchen hörte auf seine Stimme. Schon bald aber kam der Tag der großen Auseinandersetzung zwischen ihm und dem Buddha.

Wir waren nach langer Wanderung nach Rajagriha zurückgekehrt und der Buddha hatte uns an seinen Lieblingsort in der Königsstadt geführt, auf den Geiergipfel hoch über der Stadt. Dort lehrte er uns.

König Bimbisara war an einem Nachmittag zu unserer Versammlungsstätte gekommen. Auf dem Felsplateau, aber auch auf den umliegenden Felsblöcken war eine große Schar von Mönchen versammelt. Wir spürten, dass dies ein bedeutsamer Tag werden würde. Der Buddha hatte sich wie üblich am Rand der Felsplatte niedergelassen, aufrecht im Meditationssitz. Ich wusste, dass ihm diese Haltung mit den übereinandergelegten Füßen inzwischen schwerer fiel als früher. Sein Rücken machte ihm oft Beschwerden und Schmerzen, die heißen Quellen von Rajagriha schätzte er inzwischen sehr, ließ sich oft von mir den Rücken massieren. Wir waren älter geworden. Sein Geist aber war ungebrochen und hellwach. Auch an diesem Tag sprach er lange, dann unterbrach er für einen kurzen Augenblick.

Da trat Devadatta vor den Buddha, legte die Hände zum Gruß zusammen, verneigte sich, wie es der Sitte entsprach, und sagte:

»Herr, alt ist jetzt der Erhabene, von hohem Alter, verbraucht und ein Greis, lange hat er gelebt und ist zu Jahren gekommen. Herr, möge sich der Erhabene künftig damit bescheiden, in dieser Welt ein ruhiges und unbeschwertes Leben zu führen. Möge der Erhabene mir die Gemeinschaft der Mönche abtreten, ich werde die Gemeinde der Mönche leiten!«

Wir waren furchtbar überrascht. Keiner rührte sich, kein Laut ertönte von den vielen Mönchen. Wir starrten wie gebannt auf den Buddha. Was würde er zu dieser Herausforderung sagen?

Er ließ sich Zeit, blieb ganz ruhig und gelassen, wie es seine Art war. Dann sagte er nur ein Wort: »Nein!« Wir atmeten erleichtert auf.

Devadatta ließ nicht locker: »Möge der Erhabene doch einsehen, dass seine Zeit vorbei ist. Nicht streng genug führt er die Gemeinschaft. Zu lässig sind seine Regeln. Das aber ist nicht heilsam. Möge der Erhabene mir die Gemeinschaft der Mönche abtreten, ich werde die Gemeinde der Mönche leiten und ich werde es mit all meiner Kraft tun!«

Wieder blieb der Buddha ungerührt, wieder ließ er sich mit seiner Antwort Zeit und wieder war sie klar und eindeutig: »Nein!«

Ein drittes Mal begann Devadatta: »Möge der Erhabene sich doch ausruhen von all der Mühsal, viele Jahre die Lehre vorgetragen zu haben. Möge der Erhabene sein Werk anderen übergeben. Möge der Erhabene mir die Gemeinschaft der Mönche abtreten, ich werde die Gemeinde der Mönche leiten!«

Wir waren zunehmend entsetzt über die Unverschämtheit, die sich Devadatta herausnahm. Hier war die Gier nach Macht und Einfluss, vor der der Buddha so oft gewarnt hatte. Solch ein falscher und gefährlicher

Ehrgeiz mitten unter uns! Ich hatte Devadatta noch nie geschätzt, jetzt aber war er zum Feind geworden, vor allem zum Feind des Buddha.

Dieses Mal war die Antwort des Buddha umfassender: »Höre, Devadatta, selbst Shariputra und Maudgalyayana würde ich die Leitung der Mönchsgemeinde nicht übergeben, um wieviel weniger dir, dem erbärmlichen Speichellecker!«

Devadatta wurde dunkelrot. Das traf ihn. Solche Worte, vor allen ausgesprochen, selbst vor König Bimbisara, machten sein Bleiben im Kreis der Mönche unmöglich. Wutschnaubend entfernte er sich, rannte den schmalen Pfad vom Geiergipfel zur Stadt hinunter und verschwand zwischen den ersten Häusern Rajagrihas.

Lange saßen wir wie gelähmt. Dann schaute der Buddha in unserer Runde, sah jeden an und fragte: »Seid ihr, Mönche, einverstanden mit der Rede dieses Menschen? Gibt es jemanden, der ihm zustimmt?«

Niemand meldete sich. Einmütig lehnten wir Devadattas Anmaßung ab.

»So also, Shariputra«, fuhr der Buddha fort, »wähle dir einige Mönche, geh mit ihnen in die Stadt und verkünde dort: Dieser Devadatta trägt das Mönchsgewand ohne Berechtigung, nicht länger gehört er zur Gemeinschaft der Mönche, ausgestoßen ist er aus der Gemeinschaft, seine Rede ist nicht unsere Rede, seine Sprache ist nicht unsere Sprache, sein Handeln ist nicht unser Handeln. Nicht länger steht er für Buddha, Lehre und Mönchsgemeinde.«

Shariputra verneigte sich und führte den Auftrag des Buddha aus.

Devadatta aber, so erfuhren wir später, hatte sich sofort nach seinem Aufbruch vom Geiergipfel zu Prinz Ajatasatru begeben, dem Sohn Bimbisaras. Ajatasatrus Charakter passte zu Devadatta, auch der Königssohn war von unbändigem Ehrgeiz und besessen vom Streben nach Macht und Einfluss. Er wollte seinen altgewordenen Vater ebenso absetzen wie Devadatta den Buddha. Aber anders als Devadatta sollte Ajatasatru sein Ziel schon bald erreichen – für König Bimbisara bedeutete dies den Tod.

Die beiden verständigten sich schnell darauf, dass der Wechsel an der Spitze des Ordens nun mit anderen Mitteln geschehen sollte. So stimmte Ajatasatru schnell zu, als ihn Devadatta um einen Mann bat, den man als gedungenen Mörder gegen den Buddha ausschicken konnte. Ja, er beauftragte nicht nur einen Soldaten, den Buddha zu töten, sondern gab zwei weiteren den Auftrag, anschließend den Mörder umzubringen, damit so jede Spur zum Prinzen verwischt würde.

Doch es kam anders. Ich saß am gleichen Abend mit dem Buddha an unserem Rastplatz im Mangowald, den der Arzt Jivaka dem Buddha zum Geschenk gemacht hatte, nicht weit vom Aufstieg zum Geiergipfel entfernt. Die anderen Mönche waren ein wenig abseits.

Der Buddha sagte mir: »Ananda, unser Denken soll nicht aus der Fassung geraten und wir wollen kein böses Wort äußern. Freundlich und mitleidvoll wollen wir ausharren mit einem Denken voller Güte ohne innere Abneigung. Nachdem wir unser ganzes Wesen mit gütevollem Geist durchdrungen haben, wollen wir in diesem Zustand verharren.«

Ich schüttelte ein wenig den Kopf. Das war nun doch zu viel verlangt angesichts der Szene, die sich am Nachmittag abgespielt hatte. Doch noch bevor ich einen Einwand vortragen konnte, raschelte es hinter uns, ein Mann in einem dunklen Gewand drang aus dem Gebüsch vor und blieb mit erhobenem Schwert vor dem Buddha stehen. Der blieb ungerührt, schaute ihn nur ruhig an. Ich war wie gelähmt, konnte mich nicht bewegen, noch nicht einmal einen Schrei ausstoßen.

Doch auch der gedungene Mörder blieb wie angewurzelt stehen, sein Arm mit dem in der Abendsonne rot glitzernden Schwert blieb erhoben, mit offenem Mund sah er den Buddha an. Dann, ganz langsam, sank sein Arm herab, das Schwert fiel auf den lehmigen Boden, der Mann sank auf die Knie, ich hörte seine zitternden Worte: »Ich kann es nicht, nein, ich kann es nicht. Verzeih, Herr, verzeih mir nur!«

Der Buddha schwieg. Dann aber sagte er: »Ich kann mir schon denken, wer dir den Auftrag gegeben hat. Nicht du trägst Schuld, sondern die, die dich dazu gebracht haben. So geh jetzt, aber geh einen anderen Weg, kehre nicht dahin zurück, woher du gekommen bist, denn nun bist du selber in Gefahr, getötet zu werden.«

Noch in derselben Nacht verließ der Mann Rajagriha und entging so seiner eigenen Ermordung. Aus dem Palast berichtete uns am nächsten Morgen ein Diener des Prinzen, wie Devadatta vor Wut geschnaubt habe, als er von dem gescheiterten Attentat erfuhr.

Am Nachmittag saßen wir wieder auf der Felsplattform des Geiergipfels, doch an diesem Tag waren dort nur wenige Mönche. Einer nach dem anderen wanderte ins Tal zurück. Endlich gingen auch der Buddha und ich den schmalen Pfad hinab, der unterhalb der hohen Felsen an den Höhlen vorbeiführte. Da gab es über uns ein krachendes Geräusch, Steine trafen uns, wir sprangen in den Höhleneingang, ein Felsbrocken prallte unmittelbar vor unseren Füßen auf den Weg und rollte weiter den Abhang hinunter. Fast hätte er uns erschlagen, der Buddha war am Fuß leicht verletzt. Erschrocken wagten wir uns aus der Höhle und setzten unseren Weg ins Tal fort. Als ich zurückblickte, sah ich oben auf dem Felsen eine dunkle Gestalt. Ich war mir sicher, Devadatta zu erkennen.

Als wir ein wenig später die anderen Mönche im Mangohain des Jivaka erreichten, rief uns der Buddha noch einmal zusammen:

»Der Mönch soll nicht in Wut geraten, nicht zornig werden über einen anderen. So nämlich lehre ich euch: Wenn auch, ihr Mönche, Räuber und Mörder euch mit einer Baumsäge Gelenke und Glieder abtrennten, so würde – wer da in Wut geriete – nicht meine Weisung erfüllen. So solltet ihr euch vielmehr üben und sagen: ›Nicht soll unser Gemüt verstört werden, kein böser Laut soll unserem Mund entfahren, freundlich und mitleidig wollen wir bleiben, liebevollen Gemütes, ohne heimliche Tücke. Jene feindliche Person aber wollen wir mit liebevollem Gemüt durchstrahlen. Und von ihr ausgehend werden wir dann die ganze Welt mit liebevollem Gemüt, mit weitem, von Zorn und Wut geklärtem Geist durchstrahlen.‹ So also habt ihr euch, meine Mönche, zu üben.«

Ich schlief die ganze Nacht nicht. Zwei Mordanschläge hatte der Buddha nur knapp überlebt und doch rief er zu Güte und liebevollem Verhalten auf. Wie sollte man damit zurechtkommen? Das war unmöglich.

Ich sollte mich täuschen. Am nächsten Morgen bereits, als wir mit unseren Bettelschalen durch die Straßen der Königsstadt gingen, sollte ich erfahren, welche Kraft die Güte hat, die der Buddha ausstrahlt.

Wir gelangten in eine enge Gasse, in der gerade zwei Menschen aneinander vorbeigehen konnten. Der Buddha schritt uns wie üblich voran, vor ihm war die Gasse völlig menschenleer. Doch plötzlich entstand am anderen Ende der Gasse Lärm. Schreie und heftige Rufe wurden laut, dann wie ein fürchterlicher Trompetenklang der laute Schrei eines Elefanten. Und schon sahen wir ein mächtiges Tier um die Ecke biegen, den Rüssel hoch über die gewaltigen Stoßzähne erhoben, die Ohren breit auseinander gestellt, hinter ihm sein Wärter, der das wütende Tier mit dem spitzen Elefantenhaken nur weiter in die enge Gasse hineintrieb. Außer sich vor Wut tobte der wild gewordene Elefant zwischen den Häusern hindurch, auf den Buddha und auf uns zu. Gleich würde er den Erhabenen und uns erreichen und niedertrampeln, ein Entweichen war hier nicht möglich. Wir sahen dem Tod ins Auge.

Der Buddha blieb ohne jede Bewegung stehen, richtete seinen Blick auf das mächtige Tier. Da, nur wenige Schritte vor dem Buddha, hielt der Elefant inne, er ließ den Rüssel sinken, bewegte zwar aufgeregt den Kopf hin und her und trompetete ein weiteres Mal, doch schon ruhiger geworden. Schließlich stand er ganz besänftigt vor dem Buddha, bewegte nur vorsichtig seinen Rüssel auf den Erhabenen zu, der ihn mit der Hand berührte und streichelte. Dann ging das gewaltige Tier rückwärts wieder aus der Gasse heraus.

Der Buddha aber wandte sich uns zu: »Ein Vollendeter stirbt nicht durch Gewaltanwendung. Habt also keine Angst, fasst Vertrauen. Seht, die Lehre ist wie der Ruf eines Löwen. Nichts wird diesen Ruf hindern. Auch Devadatta nicht.«

In der Tat, um Devadatta wurde es in der nächsten Zeit ruhiger. Er unterließ weitere Anschläge auf den Buddha. Wohl aber versuchte er immer wieder, einige Mönche auf seine Seite zu ziehen und die Gemeinschaft zu spalten. Bei einigen gelang ihm dies auch, besonders junge Mönche fühlten sich von seiner rigorosen Art angezogen. Shariputra und Maudgalyayana hatten viel Mühe, die jungen Anhänger zu halten. Mit der Zeit aber erlosch der Einfluss des Devadatta, seine magischen Kräfte schwanden und schließlich fand er durch einen Blutsturz einen grausigen Tod.

Anuruddha, der Geschichtenerzähler, schmückte dies in seiner unvergleichlichen Art bald danach so aus, dass er davon erzählte, wie sich angesichts der Bosheit des Devadatta die Erde aufgetan hätte und der Bösewicht in diesem Spalt der Erde verschwunden sei.

Der Buddha deutete den Tod Devadattas in anderer Weise: »Ein Gleichnis will ich euch, ihr Mönche, geben. Da war eine Herde von Elefanten, sowohl große, erfahrene, besonnene Tiere wie auch kleine, unerfahrene, unbesonnene. Sie stiegen miteinander in einen Teich, rissen dort die Lotosstängel, die schmackhaften, wohl bekömmlichen, ab und begannen diese zu verspeisen. Die alten, besonnenen Tiere aber reinigten die Lotosstängel sorgfältig von allem Schlamm und Moder des Teiches, bevor sie sie verzehrten. So gereinigt verhalf ihnen ihre Mahlzeit zu Kraft und Schönheit. Die jungen, unbesonnenen Tiere dagegen verzichteten darauf, die Lotosstängel zu reinigen, sie verzehrten sie gierig mitsamt dem Schlamm und Moder. So ungereinigt verhalf ihnen ihre Mahlzeit zu Schaden und qualvollem Tod. So, ihr Mönche, ist auch der unglückselige Devadatta gestorben nach dem Genuss von Schlamm und Moder, von Gier und Hass.«

Ich nickte zustimmend.

Der Buddha aber fuhr fort: »Der Hass in der Welt endet nie durch Hassen, die Feindschaft in der Welt nie durch Feindschaft. Allein durch Nicht-Hass, allein durch Nicht-Feindschaft sind Hass und Feindschaft zu überwinden – das ist eine ewige Wahrheit.

So überwinde den Ärger durch Liebe,
überwinde das Böse durch das Gute.
Überwinde den Geizhals durch Schenken,
überwinde den Lügner durch die Wahrheit.«

แลขอมเม่ว้ำเวนิฉเกล่าส่ง
ปิเฆ่าพระยังขิโปรดชง
กับพระศำสตำยังการ
มษอริเฉต วันได้มำขปา

ชบับตนขอพันพๆากวุๆากศำนทาม
สองเฆำโมานขนฉฉน์ได้ใกล้สระศรี
ธรณิสุ่งเทวกิตผสนลขทิเฆ่
ณิใกล้ขิพระเฉตวันฉน์โปรดปๆาณ

Devadatta

Devadatta war wie Ananda, der Erzähler, und Anuruddha, der phantasievolle Geschichtenerzähler, Vetter und Schüler des Buddha. Wegen seines Versuchs, die Macht über die Mönchsgemeinschaft zu erlangen, wurde er aus der Sangha ausgeschlossen. Er organisierte daraufhin mehrere Mordversuche an Buddha, die alle scheiterten. Danach soll sich die Erde aufgetan und ihn verschlungen haben.

Nalagiri

Eine der am häufigsten in Tempelbildern des Buddhismus in Südostasien dargestellte Szene ist die,
wie der mächtige Elefant Nalagiri von Buddhas Feind
Davadatta wütend gemacht und auf den Buddha ge-
hetzt wird. Doch der streckt beruhigend die Hand aus
und das große Tier fällt vor ihm voller Ehrfurcht nieder.
Diese Handlung zählt als fünftes der acht Wunder, die
über den Buddha berichtet werden.

195

Geht, ihr Mönche, auf Wanderschaft
zum Heil für viele Menschen,
zur Freude für viele Menschen,
aus Erbarmen mit der Welt,
zum Segen, Heil und Glück
für Götter und Menschen.

Die Gemeinschaft der Mönche

Die Jahre vergingen. Immer mehr spürte der Buddha die Last des Alters. Seit langem hatte er mit Rückenbeschwerden zu tun. Wenn er länger an einer Stelle stand oder wenn er länger aufrecht im Meditationssitz verweilte, nahmen seine Schmerzen zu, er ermüdete und musste sich dann legen. Oft bat er mich dann, seinen schmerzenden Rücken zu massieren. Wenn wir in Rajagriha waren, ging er, sooft es ihm möglich war, zu den heißen Quellen und nahm dort ein langes, wohltuendes Bad. Das schaffte ihm Erleichterung. Mit nunmehr fünfundsiebzig Jahren war er und war ebenso auch ich weit über das Alter der anderen Mönche hinaus. Von unseren alten Freunden und Begleitern starb einer nach dem anderen.

Wohl aber blieb der Buddha die geistige Mitte unserer Gemeinschaft. Wenn er zu einer Lehrrede ansetzte, versammelten sich die begleitenden Mönche, es verstummte jedes andere Gespräch, aufmerksam lauschten wir seinen Worten. Der Löwe war alt geworden, aber sein Ruf war nicht verstummt, noch nicht einmal schwächer geworden.

In den letzten Jahren war ich immer mehr zum persönlichen Begleiter und Diener des Buddha geworden. Ich ging mit ihm, trug sein Mantelgewand, manchmal auf langen Wegen seine Schale, ich bereitete ihm abends das Nachtlager an einem ausgewählten Platz unter einem Baum, ich schöpfte Wasser für ihn und spülte nach dem Essen seine Almosenschale aus. Bei allen Gesprächen und Reden des Buddha saß ich seitwärts neben ihm und prägte mir seine Worte ein. Ich achtete auch darauf, dass er nicht zu viel von Besuchern gestört wurde, dass die jungen Mönche, die zu unserer Gemeinschaft stießen, von anderen belehrt wurden.

Der Buddha nahm meine Dienste gern an. In all den Jahren war zwischen uns eine tiefe Verbundenheit gewachsen. Waren wir bereits in unserer Kindheit durch gemeinsame Spiele, in der Jugend durch allerlei Abenteuer verbunden gewesen, hatte ich mich dann aus ganzem Herzen an ihn gebunden und war ihm in die Hauslosigkeit gefolgt, so verband uns jetzt eine tiefe Freundschaft. Ich verehrte ihn, den Meister, der meinem Leben eine neue Ausrichtung gegeben hatte. Und er vertraute mir voll und ganz.

Die anderen Mönche respektierten meine besondere Stellung, niemand war dem Buddha so nahe wie ich. Sogar Shariputra und Maudgalyayana, selbst alt und gebrechlich geworden und früher seine Lieblingsjünger, hatten nicht so viel mit ihm gemeinsam. Sie waren jetzt zudem oft an anderen Orten, lehrten selber, führten junge Menschen der Mönchsgemeinschaft zu, waren zu eigenständigen Meistern der Lehre geworden.

Doch auch ich war nicht nur Diener des Buddha. Oft beauftragte er mich, seine Lehrrede fortzusetzen, wenn er müde wurde. So waren wir einst im Park der Feigenbäume in der Nähe von Kapilavastu, unserer alten Heimatstadt. Einige Bewohner der Stadt waren zu uns gekommen, der Buddha hatte ihnen die Lehre vorgetragen. Darüber war es Abend geworden, ja, tiefe Nacht. Doch die Fragen der Leute aus Kapilavastu nahmen kein Ende, der Buddha aber war erschöpft.

Da wandte er sich an mich: »Ananda, erkläre du den Leuten von Kapilavastu die Schritte des Kämpfers; mir ist der Rücken ermüdet, den will ich ausstrecken.«

»Gern, Herr«, antwortete ich. Der Buddha breitete seine Mantelrobe, vierfach gefaltet, aus und legte sich auf die rechte Seite wie der Löwe hin, einen Fuß über dem anderen, mit müdem Körper, aber wachem, gesammeltem Geist. Und ich begann:

»Welches, ihr Shakyer, sind die sechs Schritte des Kämpfers, die Schritte, die der Jünger mit Aufmerksamkeit vollziehen muss? Es übe sich der Jünger tüchtig in Tugend, er hüte die Tore der Sinne, er halte beim Essen Maß, er übe angestrengt Aufmerksamkeit, ihm sind sieben rechte Eigenschaften eigen, schließlich wird er zu den vier Schauungen gelangen, die das Herz erquicken und ihm schon in diesem Leben Glück bringen. So sind die sechs Schritte des Kämpfers.«

»Welches, Ananda, sind die sieben Eigenschaften des Jüngers?« Die Fragen unserer Zuhörer nahmen kein Ende. So begann ich erneut:

»Der Jünger vertraut dem Vollendeten. Der Jünger schämt sich, Schlechtes in Werken, Worten und Gedanken zu begehen. Der Jünger scheut sich, in böse, unheilsame Dinge zu geraten. Der Jünger ist ein Hüter der Lehre, was er gehört hat, kennt er und bewahrt es im Gedächtnis. Der Jünger hat die Kraft, unheilsame Dinge von sich zu weisen und heilsame Dinge zu erringen, er ist stark und standhaft. Der Jünger ist mit höchster Geistesgegenwart begabt. Der Jünger ist mit der Weisheit begabt, die zum Ende des Leidens führt.«

Je mehr ich sprach, umso mehr gewann ich Vertrauen in meine Redekraft. Hatte ich früher den Meister reden lassen, war ich nur Hörer und Diener gewesen, so fühlte ich mich jetzt durch ihn ermutigt, selber zum Verkünder der Lehre zu werden, Bildworte und Gleichnisse des Erhabenen aufzugreifen und mit eigenen Erläuterungen zu versehen.

So wie mir ging es auch anderen. Der Buddha schien zu spüren, dass seine Lebenszeit zu Ende ging. Immer wieder machte er den Mönchen Mut, eigenständig und unabhängig von ihm die Lehre zu verkünden. Eines Tages rief er eine Reihe von Mönchen zu sich und begann:

> *»Geht, ihr Mönche, auf Wanderschaft*
> *zum Heil für viele Menschen,*
> *zur Freude für viele Menschen,*
> *aus Erbarmen mit der Welt,*
> *zum Segen, Heil und Glück für Götter und Menschen.*
> *Legt die Lehre dar,*
> *die am Anfang beglückend ist,*
> *in der Mitte und am Ende.*
> *Denn es gibt Wesen,*
> *die nicht befleckt sind vom Schmutz des Weltlichen.*
> *Die werden die Lehre verstehen.*
> *Hören sie aber die Lehre nicht,*
> *dann werden sie zu Grunde gehen.«*

Im ganzen Mittleren Land gehörten die Mönche des Buddha in ihren gelbbraunen Gewändern inzwischen zum alltäglichen Bild. War am Anfang die Bekehrung der beiden Könige Bimbisara und Prasenajit hilfreich gewesen, so hatten inzwischen viele Menschen ihre Zuflucht beim Buddha und der Lehre genommen, viele waren sogar aus dem Haus in die Hauslosigkeit ausgezogen. Trotz dieser Erfolge, die Mönche trafen noch auf genügend Widerstand: Die Brahmanen und Opferpriester sahen ihren Lebensunterhalt schwinden, wenn ihre Dienste von der Bevölkerung nicht mehr so wie früher gebraucht wurden. An manchen Orten hetzten sie gegen den Buddha und versuchten ihm Fallen zu stellen, aber ohne großen Erfolg. Auch die beiden Könige Ajatashatru im südlichen Reich Magadha und Virudhaka im nördlichen Reich Kosala hatten keineswegs ein so gutes Verhältnis zum Buddha und seiner Lehre wie ihre Väter. Das aber machte uns nicht so viel aus, zumal der Buddha mit Klugheit handelte und ihnen keinen Anlass zum Eingreifen bot. Kurzum, die Lehre wurde verbreitet, die Gemeinschaft wuchs.

Gefährlicher waren die Gefahren, die aus dem Inneren der Mönchsgemeinschaft erwuchsen. Mit Sorge hatte ich schon wiederholt festgestellt, dass die Disziplin vieler junger Mönche nicht dem entsprach, was der Buddha lehrte und was wir als hilfreich für unseren geistigen Weg erfahren hatten. Es gab, manchmal wegen nichtiger Anlässe, Streit unter den Mönchen. Es gab einige, die sich von den Bewohnern der Städte nicht nur Essen, sondern auch Rauschgetränke geben ließen. Von einem Mönch wurde uns sogar berichtet, dass er eines Morgens so betrunken vor dem Stadttor gefunden wurde, dass er sich nicht mehr auf den Beinen halten konnte. Andere mussten ihn in unser Lager zurücktragen. Wieder andere Mönche hielten nicht die nötige Distanz zu den Frauen, wenn sie mit ihren Bettelschalen vor den Häusern auf Gaben warteten. Andere redeten über dieses und jenes, über die vielen unnützen Dinge, aber kaum über die Schritte hin zur Vollendung. Kurzum, es musste etwas geschehen, der Buddha musste eingreifen.

Und er tat es in seiner unnachahmlichen Art, beginnend mit einem Gleichnis:

»Eines Tages war in Rajagriha Samiti, der Sohn eines Wagenbauers, damit beschäftigt, eine Radscheibe abzuhobeln, als einer der Mönche vorbeikam. Er sah die Arbeit des Samiti und dachte: ›Gut, dass der Stellmachersohn Samiti diesem Radkranz diese Rille und diesen Bug und diesen Astknoten abhobelt. Dadurch nämlich wird das Rad, befreit von Rillen, Bügen und Knoten, aus reinem Kernholz bestehen und gut laufen.‹ Und wie der Mönch dem Samiti weiter zuschaute, dachte er: ›Wie aus dem Herzen heraus hobelt er mir!‹

Ebenso nun, ihr Mönche, gibt es Leute, die unwillig, aus Zwang, nicht aus Zuversicht aus dem Haus in die Hauslosigkeit gezogen sind, Heuchler, Scheinheilige, Schwätzer, Männer, die ihre Sinne nicht zügeln, die maßlos beim Essen sind, die jede Wachsamkeit vermissen lassen und die gleichgültig gegenüber dem Asketentum sind. Mögen sie doch wie Samiti hobeln und an ihrem Herzen diese Rille, diesen Bug, diesen Knoten abhobeln!«

»Ein Gleichnis hast du uns gegeben«, ein junger Mönch hatte aufmerksam den Worten des Buddha gelauscht, »doch sage klarer, was du mit diesem Gleichnis meinst. Was sind Rille, Bug und Knoten? Wie sollen wir unsere Herzen hobeln?«

»Hört, ihr Mönche, ich will euch belehren. Wie fünf Finger an der Hand eines Menschen sind, so sind die Weisungen, die jeder einhalten muss, wenn er sich zur Lehre des Buddha bekennt. Wie die zehn Finger an beiden Händen des Menschen sind, so sind die Weisungen, die der Mönch einhalten muss, wenn er sich zur Gemeinschaft der Mönche bekennt.

Was also sind die fünf Finger, die fünf Gebote, die für jeden Jünger der Lehre, für Laienbekenner und Mönche, gelten? Es sind die folgenden: Ein Jünger muss abstehen vom Verletzen, Zerstören und Töten. Ein Jünger muss abstehen vom Stehlen und Nehmen, was ihm nicht gegeben wird. Ein Jünger muss abstehen von Ausschweifung und Unreinheit. Ein Jünger muss abstehen von Lüge und roher Sprache. Ein Jünger muss abstehen vom Rauschgetränk und von der Vernebelung seines Geistes. Das sind die fünf Gebote der Jünger, die Finger der ersten Hand.

Was aber nun sind die Finger der zweiten Hand, die fünf Gebote, die nur für die Mönche Geltung haben? Der Mönch darf nur einmal am Tag essen und muss dies tun, bevor die Sonne am Mittag ihren Scheitelpunkt erreicht hat. Der Mönch muss sich fernhalten von allem Tanz, von Gesang und Musik, von Schauspielen und Gaukelei, die nur den Geist verwirren. Der Mönch muss sich fernhalten von jedem Körperschmuck, von Blumenkränzen und duftenden Ölen, von Schminken und Salben, von Schmuck und Gehängen. Der Mönch darf keine üppigen und hohen Betten nutzen, sondern soll sein Lager auf der Erde richten. Der Mönch darf kein Gold und Silber, kein Geld und Geschmeide annehmen. Das sind die fünf Gebote der Mönche, die Finger der zweiten Hand.«

Lange sprachen wir über diese Gebote. Und der Buddha ermahnte uns erneut zu Eintracht und Gemeinschaft:

>»Wie die großen Flüsse,
> wenn sie das Meer erreichen,
> ihre früheren Namen verlieren
> und einfach als das große Meer bezeichnet werden,
> so verlieren die Jünger,
> wenn sie sich zum Orden bekennen,
> ihre früheren Namen
> und werden untereinander eins.«*

Dann bettete er sich erschöpft auf sein Lager, gab uns nur noch eine letzte Anweisung: »Mönche, nicht habt ihr Vater und Mutter, nicht Söhne und Töchter, die euch pflegen können, wenn ihr krank sei. Wenn ihr nicht einander pflegt, wer wird euch dann pflegen? Wer immer mich bei einer Krankheit pflegen würde, der soll die kranken Mönche pflegen.«

Die folgende Regenzeit verbrachten wir im Jetavana in Shravasti. Jeden Tag brachte der Monsun gewaltige Regengüsse, dankbar tanzten die Bauern im naheliegenden Weiler im kostbaren Nass, das ihnen eine reiche Ernte versprach.

In dem Hain, den Anathapindada uns geschenkt hatte, waren inzwischen neben unseren selbstgebauten Bambus- und Schilfhütten von

Stiftern erste Bauten aus Ziegeln errichtet worden, ein Kloster entstand. Wir nahmen die Annehmlichkeit eines festen Hauses gern an. Darin war ein trockenes Lager zu errichten, ohne den Schlamm und die Nässe des Waldbodens. Für den alten Buddha wurde dies immer wichtiger.

Während der Regenzeit besprachen wir immer wieder, wie Mönche zu leben hatten, was sie beachten und wovon sie sich fernhalten mussten. Wir achteten darauf, dass ein Mönch nur acht Dinge sein Eigen nennen sollte: die drei Gewandteile, Hüfttuch, Obergewand und Mantelrobe, die Bettelschale, einen Gürtel, um das Untergewand beim Gehen zu halten, ein Rasiermesser, um Kopf- und Barthaare zu scheren, eine Nadel, um das Gewand zu flicken, und schließlich ein Sieb, um Insekten aus dem Wasser zu fischen und so Leben zu schonen.

Nach wie vor gingen wir barfuß, nach wie vor waren unsere Gewänder aus dem einfachsten Stoff, mit den billigsten Farben gefärbt oder gar aus Lumpen zusammengesetzt. Nach wie vor gingen wir frühmorgens schweigend im Gänsemarsch in die Stadt oder in nahe gelegene Dörfer, stellten uns eine Zeit lang vor jedes Haus ohne Unterschied des Ranges seines Besitzers und warteten, ob man uns Essen in die Schale füllen würde. Schweigend zogen wir dann weiter. Nicht wir hatten den Gebern zu danken, sie taten es, weil sie sich durch ihr Almosen Verdienste erwarben für eine bessere Wiedergeburt.

Doch auch vor dem Almosengang ermahnte uns der Buddha: »Hütet euch, ihr Mönche, wenn ihr des Morgens mit euren Schalen loszieht. Übt strenge Achtsamkeit, dass ihr die Sinne kontrolliert. Denn da hat sich ein Mönch am Morgen angekleidet, hat Obergewand und Almosentopf genommen und geht nun in ein Dorf oder eine Stadt, um Almosenspeise zu erbitten. Aber sein Körper, seine Rede und sein Denken sind noch ungezügelt. Nun sieht er dort im Dorf eine Frau, des Morgens noch dürftig bekleidet, kaum verhüllt, und so verunreinigt bald Begierde sein Herz. Darum, ihr Mönche, sollt ihr euch üben und sprechen: ›Nur mit gezügeltem Körper, mit gezügelter Rede, mit gezügeltem Denken, rechte Achtsamkeit übend und mit kontrollierten Sinnen wollen wir um Almosenspeise in ein Dorf oder eine Stadt gehen.‹«

Die Verführung durch Frauen war häufig ein Thema, das der Buddha mit uns Mönchen ansprach. Er wusste von der Kraft, die eine schöne Frau auf Männer ausübt; nichts, so sagte er uns oft, fesselt einen Mann so sehr wie die Gestalt einer Frau. Und nichts kann deshalb auch einen Mönch so sehr auf seinem Weg gefährden und zu neuer Anbindung an die Welt führen wie die Gestalt einer Frau.

Wie also sollten wir Mönche den Frauen begegnen? Eines Tages fragte ich ihn danach:

»Herr, wie sollen wir uns den Frauen gegenüber verhalten?«

»Nicht ansehen, Ananda«

»Wenn wir sie aber doch angeblickt haben, wie sollen wir uns dann verhalten?«

»Nicht anreden, Ananda.«

»Wer aber doch ins Gespräch gerät, wie soll der sich dann verhalten?«

»Der soll sich mit ernster Besonnenheit rüsten, die rechte Achtsamkeit pflegen.«

Die Mahnung des Buddha war nicht unbegründet. Immer wieder schieden Mönche aus unserer Gemeinschaft aus und kehrten aus der Hauslosigkeit in das weltliche Leben zurück. Und oft genug war die Bindung an eine Frau der Grund dafür. Frauen halfen uns oft, beschenkten uns, erwiesen sich als Wohltäterinnen und Verehrerinnen des Buddha. Oft aber waren sie Mönchen eine Gefahr auf ihrem Weg zum Heil. Wenn der Buddha dies erlebte, wenn er aus diesem Grund Abschied nehmen musste von einem jungen Mönch, dann konnte er in aller Schärfe über Frauen sprechen: »Verführerische Schlangen sind es, die auf dem Weg liegend, nach dem Fuß des Wanderers schnappen und ihn von seinem Ziel abbringen.«

Aus dem gleichen Grund hatte sich der Buddha lange gesträubt, Frauen zum Orden zuzulassen. Ich erinnerte mich noch genau an die Auseinandersetzungen, die wir in diesem Punkt hatten, als Prajapati, seine Stiefmutter, ihn immer wieder mit diesem Wunsch bestürmte. Kategorisch hatte der Buddha dies abgelehnt. Ich war da grundsätzlich anderer Meinung als der Buddha und hatte ihm das auch deutlich gesagt. Doch er ließ sich nicht umstimmen, wurde sogar schroff:

»Es reicht, Ananda, ich will nicht, dass Frauen durch meine Lehre angeregt sich aus der Heimat in die Hauslosigkeit begeben. Du solltest meine Auffassung teilen!«

Ich versuchte es noch einmal, bat ihn inständig, seine Entscheidung zu überdenken, doch er blieb dabei: »Tausend Jahre wird die wahre Lehre Bestand haben. Wenn sich aber Frauen aus der Heimat in die Hauslosigkeit begeben, dann wird die wahre Lehre nur fünfhundert Jahre Bestand haben. Deshalb kann ich dies nicht zulassen.«

Einige Zeit verstrich nach diesem Gespräch, wir kamen auf unserer Wanderung in den Mahavana, den Großen Wald bei der Stadt Vaishali. An einem Nachmittag entstand Unruhe unter den Mönchen, und dann sah ich schon den eigenartigen Zug, der auf den Buddha zukam: eine

Gruppe von Frauen, die Haare geschoren, alle in gelbe Gewänder gekleidet, barfuß, ohne Schmuck und ohne Schminke, allen voran Prajapati. Sie hatte die Ablehnung ihres Stiefsohns nicht akzeptiert und sich kurz entschlossen auf den Weg gemacht.

Mit Staub bedeckt, mit vom langen Weg geschwollenen Füßen stand Prajapati da, hob die Hände zum Gruß und verneigte sich ehrfürchtig vor dem Erhabenen. Doch der wandte sich ab und ging ohne ein Wort weiter in den Wald hinein, ließ die Frauen enttäuscht zurück.

Ich folgte dem Meister, sprach ihn dann vorsichtig an: »Herr, wenn Frauen nach deiner Lehre und deinen Regeln in die Hauslosigkeit ziehen, sind sie im Stande, die Vollkommenheit, die Erleuchtung, das Nirvana zu erlangen?«

»So ist es, Ananda.«

»Wenn sie aber dazu im Stande sind, wenn zudem Prajapati dir große Dienste erwiesen hat als deine Tante und Pflegemutter, dann wäre es gut, wenn du erlaubst, dass auch sie und andere Frauen zum Orden gehören können.«

Der Buddha schaute mich lange an, dann sagte er: »Ananda, wenn Prajapati verspricht, zu den Ordensregeln weitere acht Regeln zu befolgen, dann werde ich sie als Nonne annehmen. Gleichwie ein Mann zur Errichtung eines Wasserreservoirs einen Damm baut, damit das Wasser nicht wegfließt, so setze ich acht Regeln für die Nonnen fest, damit der Orden nicht zu Grunde geht.«

Und er ging zu Prajapati zurück und erläuterte ihr seine Forderungen. Die Frauen aber müssten künftig den Mönchen immer Respekt zeigen und hätten auf ihr Wort zu hören. Überglücklich versprach Prajapati all dies und willigte in die Bedingungen des Buddha ein. Da nahm er sie als Nonne an, der Orden der Frauen war gegründet.

Das Rad der Lehre hatte sich in Vaishali ein weiteres Mal zu drehen begonnen.

Vaishali (Vesali)

Vaishali war die Hauptstadt der kleinen Licchavi-Republik. Die Stadtkurtisane Ambapali hatte dem Buddha einen Hain geschenkt, in dem ein Kloster gebaut wurde. Hier verbrachte der Buddha seine letzte Regenzeit. Hier wurde auch der buddhistische Nonnenorden auf Bitten von Buddhas Stiefmutter Prajapati gegründet. Heute erinnern ein Stupa, die Fundamente eines Klosters und eine Säule des Kaisers Ashoka daran.

207

Nonnen

Der Buddha wollte zuerst keine Frauen in seinem Orden. Erst nach Bitten seiner Stiefmutter Prajapati und auf Vermittlung seines Vetters Ananda gab er in Vaishali seine Zustimmung unter der Bedingung, dass die Nonnen außer den allgemeinen Mönchsregeln weitere Regeln einzuhalten haben, etwa die Unterrichtung durch einen Mönch und eine hierarchische Unterordnung unter die Mönche.

Nonnen

Im Theravada-Buddhismus (Sri Lanka und Südostasien) ist die Ordinationslinie bei Frauen im 5. Jahrhundert abgerissen, so dass die Nonnen dort (die Bilder sind aus Myanmar, Thailand und Kambodscha) keine ordinierten »Bikkuni« sind, sondern aus der Sicht der Mönche Laien, die sich als Nonnen kleiden und die Ordensregeln einhalten. Im Mahayana-Buddhismus China, Vietnam, Japan) gibt es eine ununterbrochene Ordinationslinie von Frauen.

Alles, was ist,
ist seinem Wesen nach vergänglich.
Bemüht euch angestrengt!
Rüstet euch aus mit Wachsamkeit!

Das Verlöschen des Buddha

Wir waren tief betroffen, als uns die Nachricht erreichte. Shariputra, unser Weggefährte seit vielen Jahren, war gestorben. Sein jüngerer Bruder kam von Shariputras Sterbeort direkt zu uns und berichtete von der schweren Krankheit unseres Freundes, von seinem Sterben und von seiner Einäscherung. Der Bruder brachte auch mit, was vom Verstorbenen geblieben war: ein Tuch, das Shariputra als Wasserfilter genutzt hatte, mit seiner Asche darin, dazu seine Bettelschale und sein Obergewand. Das war alles, was uns an den Freund erinnern konnte.

In unsere Trauer fielen die Worte des Buddha: »Schon früher ist verkündet worden: Von allen gewünschten, begehrten, geliebten, angenehmen Dingen wird es Abschied geben, Trennung, Loslösung. Es ist nicht möglich, dass etwas Geborenes oder Gewordenes nicht dem Vergehen und der Zerstörung unterliegt. Diese Möglichkeit kennt man nicht.«

Mir fielen auch die Worte ein, die ich vor langer Zeit als ersten Ausspruch des Buddha kennen gelernt hatte:

> *Was irgend auch entstanden ist,*
> *muss alles wieder untergehn.«*

Kaum hatten wir die Todesnachricht überstanden, traf uns die nächste: Maudgalyayana war von einem Räuber erschlagen worden. Krankheit und Gewalt, immer neues Leiden, ein Kreislauf ohne Ende.

Auch dem Buddha war Traurigkeit anzumerken. Shariputra und Maudgalyayana waren seine Lieblingsjünger gewesen. Als wir abends unter einem Baum zusammensaßen, sagte er mir: »Ananda, gleichwie einem großen Baum, mächtig und gesund, einzelne Äste absterben und abbrechen und der Baum so geringer und ärmer wird, so sind der Gemeinschaft Shariputra und Maudgalyayana abgestorben und abgebrochen, so ist der Sangha geringer und ärmer geworden.«

Unsere Tagesetappen waren in den letzten Monaten kürzer als früher geworden. Der Buddha mit seinen nunmehr achtzig Jahren schaffte nur noch kurze Wegstücke, dann musste er sich hinsetzen und sich erholen. Auch ich merkte die Last der Jahre, nur mit Mühe konnte ich meinen Dienst erfüllen und dem Meister helfen. Trotz der Beschwerden wandten wir uns von Rajagriha wieder einmal nach Norden und erreichten einige Wochen später Pataliputra.

Ajatasatru, der junge König, hatte nach der Ermordung seines Vaters Bimbisara die Hauptstadt des Reiches Magadha hierher verlegt. Das drückende Klima im Talkessel Rajagrihas behagte ihm nicht, zudem wollte er seinen Sitz weiter nördlich haben, denn er versuchte immer wieder, seinem Reich auch Gebiete nördlich der Ganga einzuverleiben. Rajagriha war zwar mit den umliegenden Bergen und der großen Mauer darauf besser zu verteidigen, aber Ajatasatru hatte seine Armee vergrößert und glaubte sich auch in Pataliputra sicher. Der Buddha hatte seine Eroberungspläne missbilligt, ihm eindringlich davon abgeraten, doch was nützt der Rat eines Weisen, wenn sich ein junger Mann ein Ziel setzt.

Mit Mühe gelangten wir nach einer mehrtägigen Rast in Pataliputra über den Ganges. Anuruddha, der sein Geschichtenerzählen immer noch nicht verlernt hatte, sponn dies später zu einer abenteuerlichen Geschichte über die Kraft und Macht des Buddha aus:

»Die Mönche«, so erzählte er, »ließen sich in Booten über den großen Fluss setzen. Der Erhabene aber blieb am südlichen Ufer stehen und betrachtete die strömenden Wasser. Dann rief er sich die Lehre ins Bewusstsein, die vom Ufer des Leidens und der Wiedergeburt aus wie ein Floß über den Strom der Begierden an das jenseitige Ufer trägt. Und durch die Kraft seiner Meditation wurde der Erhabene an das andere Ufer gehoben, ohne dass ihm ein Fährmann zu Hilfe kommen musste.«

Wir erreichten in der folgenden Zeit das Gebiet der Licchavi-Republik. Die Hitze wurde immer drückender, ein Wandern während des Tages fast unmöglich. Wir schafften jeden Tag nur den Weg von einem Dorf zum anderen, blieben auch einmal zwei oder drei Tage an einer Stelle. Es würde nicht mehr lange bis zum erlösenden Monsunregen dauern. Dann wird die Hitze erträglicher, der Staub der Wege wird jedoch zum Morast – Wandern ist im Monsun nicht mehr möglich.

Der Buddha beschloss deshalb, in den kommenden drei Monaten der Regenzeit in Vaishali zu bleiben, in der Hauptstadt der Licchavis. Ein junger Mönch, der sich uns angeschlossen hatte, kam zum Buddha: »Herr, ich weiß einen Ort, wo wir in Vaishali bleiben können. Ich stamme ja aus dieser Stadt. Meine Mutter, Amrapali, hat vor den Toren der Stadt einen Hain, den wird sie uns zur Verfügung stellen. Erlaube mir, dass ich vorausgehe und sie frage.« Schweigend stimmte der Buddha zu.

Als wir uns Vaishali näherten, kam uns Amrapali bereits entgegen. Ehrfürchtig verneigte sie sich vor dem Buddha und lud ihn und die Mönche für den nächsten Tag zur Morgenmahlzeit ein. Der Buddha nahm dies schweigend an.

Die Frau hatte sich wirklich Mühe gemacht. Wassergefäße standen am Eingang des Hauses, sodass wir uns reinigen und erfrischen konnten. Gepolsterte Matten waren ausgebreitet, auf denen wir uns lagerten. Selbst der Buddha mit seinem schmerzenden Rücken konnte auf den weichen Matten so ohne große Beschwerden sitzen. Dann ließ uns Amrapali Speisen in unsere Schalen füllen, feste und weiche, aber alle vorzüglich bereitet. Der Buddha aß ohne Hast ihm folgten die Mönche.

Als das Essen beendet, die Essschale zur Seite gestellt war, brachte Amrapali dem Buddha eine Schale mit Wasser zum Reinigen der Hände. Dann setzte sie sich zu seinen Füßen, um seine Lehre zu hören. Und der Buddha begann: »Der Gebende ist beliebt, es verehren ihn die Leute. Er erreicht Lob, sein Ruhm wächst. Deshalb geben Geschenke die Weisen; sie haben den Makel der Selbstsucht abgelegt.«

Amrapali war so angetan von den Worten des Erhabenen, dass sie dem Sangha ihren Hain schenkte und darauf ein Kloster erbauen ließ. Er wurde später Amrapalivana, Wald der Amrapali, genannt.

Die Regenzeit begann zwei Tage später. Am Nachmittag wurde es dunkel, Blitz und Donner erschütterten das Land, dann begann der heftige Regen, der schon erwartet wurde. Wir blieben die folgenden Monate in Vaishali, lebten im Amrapalivana in kleinen Hütten, die uns vor dem rauschenden Regen, aber kaum vor der Feuchtigkeit schützten.

Ob vielleicht eine Mahlzeit durch schmutziges Wasser verunreinigt war, ob Ratten oder Ungeziefer die Krankheit ausgelöst hatten: der Buddha wurde krank. Heftige Schmerzen im Bauch, Durchfall und Erbrechen schwächten ihn. Ich betreute ihn, wusch mit feuchten Tüchern sein Gesicht und seinen fiebrigen Körper, gab ihm immer wieder zu trinken. Meine Angst wuchs, dass er sterben könne. Ich konnte mir nicht vorstellen, wie es ohne ihn gehen sollte. Mehr als vier Jahrzehnte waren wir zusammen unsere Wege gegangen, seit fünfundzwanzig Jahren war ich sein Dienermönch, wir hatten das Wachsen der Jüngerschaft mit Freude wahrgenommen.

Doch jetzt schien das Ende nah. Wie üblich verrichtete ich meine Dienste, sammelte Almosenspeise in der Stadt, bereitete dem Buddha ein angenehmes Lager, brachte ihm Wasser und half ihm, wo ich konnte. Meine Gedanken aber kreisten ständig um die Frage: Wie sollte es nach seinem bevorstehenden Tod mit uns weitergehen?

»Herr, ich sehe die Schwäche des Erhabenen. Denke an die Mönchsgemeinde. Hast du ihr noch Wichtiges mitzuteilen?«

»Ananda, ich habe die Mönche alles gelehrt, was sie wissen müssen: die vier edlen Wahrheiten, vor allem den achtfachen Pfad, auf dem die Erlösung erlangt werden kann. Nichts von der Lehre habe ich in der verschlossenen Faust als Geheimwissen zurückgehalten.

Doch wisse, Ananda: Jetzt ist der Körper des Vollendeten alt, abgenutzt und greisenhaft, befindet sich im Alter von achtzig Jahren und wird nur von Bandagen gehalten. Er ist wie ein vergammelter Karren, der mit Lederriemen zusammengehalten wird. Deshalb sei nicht traurig, weine nicht! Alles, was geboren und geworden ist, unterliegt dem Vergehen und der Zerstörung. Dies gilt auch im Blick auf mich: Von allem muss man sich loslösen.

Doch nutze du, nutzt, ihr Mönche, die Lehre als Insel und als Zuflucht. Die Lehre wird euch den Weg weisen, nichts anderes.«

Später, nach dem Tod des Buddha, haben mir andere Mönche den Vorwurf gemacht, ich hätte ihn dringender darum bitten sollen, sein Leben zu verlängern, nicht von uns zu gehen. Der Erhabene wäre vielleicht meiner Bitte gefolgt und hätte mit übermenschlicher Kraft sein Leben etwas verlängert. Doch ich frage mich, wie das wohl auf Dauer möglich gewesen wäre.

Der Buddha hatte Recht. Nicht seine Person war das, woran sich die Mönche und Laienanhänger halten sollten. Die Lehre würde seine Lebenszeit überdauern. Sie würde dauerhaften Halt geben. Die Lehre allein dient als Stützpunkt, so hatte er es oft ausgedrückt.

Die Zeit verging. Der Regen ließ nach und hörte dann ganz auf. Die Erde dampfte noch, beiderseits der Wege waren die Reisfelder überschwemmt. Doch sobald die Wege wieder begehbar waren, brachen wir auf, begannen wieder unsere Wanderung nach Norden. Mühsam kamen wir voran, erreichten schließlich das Gebiet der Mallas und den kleinen Ort Pava. Von hier aus war es nicht mehr weit bis Kushinagara.

Wir machten Rast unter einem Baum am Wegesrand. Die Kunde von unserer Ankunft hatte sich schon verbreitet, der Buddha war im ganzen Mittleren Land berühmt und die meisten Menschen freuten sich, wenn er in ihr Dorf kam. Einige Leute aus Pava eilten von den nahe gelegenen Hütten herbei. Sie verneigten sich ehrerbietig und grüßten den Buddha höflich.

Ein großer, schwerer Mann überragte alle. Er beugte sich zu den Füßen des Buddha nieder und stellte sich vor: »Erhabener, ich bin Cunda, der Schmied, und wohne dort in Pava in einem Haus aus Ziegeln. Der

Erhabene nehme bitte meine Einladung für morgen zum Essen an. Die Mönchsgemeinde nehme bitte meine Einladung für morgen zum Essen an.«

Da der Buddha nichts einwandte, galt die Einladung als angenommen. So machten wir uns am folgenden Tag auf den Weg in das kleine Dorf, erreichten Haus und Werkstatt des Schmiedes. Er erwartete uns bereits und führte uns hinein. Viele Speisen waren bereitet, eine davon, Schweinefleisch mit Bambus, ließ er nur dem Buddha in die Schale füllen. Dieses Gericht war wohl nicht in Ordnung und wurde zum Verderben des Erhabenen.

Bereits in der folgenden Nacht brach die Krankheit des Buddha erneut aus. Die ganze Nacht fanden wir keinen Schlaf. Dennoch setzte der Buddha am nächsten Morgen seinen Weg fort, wir machten Rast am Fluss Kakushta, dann am Fluss Hiranyavati. Wir konnten uns erfrischen und vor allem viel trinken. Schließlich mühten wir uns durch den letzten Wald vor Kushinagara. Es war der Yamakasalavana, der Wald der Sala-Zwillingsbäume. Es ist eigenartig, dachte ich, der Buddha ist unter einem Salabaum geboren worden, dort in Lumbini. Sollte er hier unter einem Salabaum sterben?

Der Buddha trug mir auf, unter einem großen Salabaum ein Lager zu errichten. So streute ich Gras unter den Baum, legte sein Mantelgewand darauf und half ihm, sich niederzulassen. Er war müde und schwach, konnte kaum noch die Augen aufhalten. Seine Haut aber, und das verwunderte mich sehr, hatte einen goldfarbenen Glanz. Als ich ihn danach fragte, sagte er mir: »Nur zweimal tritt dieser goldfarbene Glanz der Haut bei einem Buddha auf; in der Nacht, in der er zur allerhöchsten und vollkommenen Erleuchtung findet, und in der Nacht, in der der Vollendete durch den Eingang in das endgültige Nirvana vollkommen erlischt. Heute, Ananda, wird in der mittleren Wache der Nacht das völlige Verlöschen des Vollendeten geschehen.«

Der Buddha lag auf der rechten Seite, er hatte die Füße übereinander gelegt, so wie es ihm angenehm erschien. Ich stand hinter seinem Kopf, Tränen in den Augen. Einige andere Mönche standen im Kreis um uns herum. Da hörte ich den Buddha mit leiser Stimme fragen: »Wo ist Ananda?«

Mir zog es die Kehle zusammen, ich konnte nicht antworten. Einer der Mönche sagte statt dessen: »Herr, er steht hinter deinem Kopf, zutiefst betrübt ist er und lässt die Tränen laufen.«

Mit einer schwachen Handbewegung winkte mich der Buddha nach vorn, sodass er mich sehen konnte: „»Sei nicht traurig, Ananda, weine nicht. Du hast den Vollendeten immer liebevoll versorgt, du hast mir viel Gutes getan. Wohlwollend und selbstlos hast du gehandelt, gesprochen und gedacht. Doch jetzt sind Loslösung und Trennung nötig.«

Aus dem nahe gelegenen Kushinagara waren inzwischen einige Leute eingetroffen, die von der Krankheit und Schwäche des Buddha gehört hatten. Traurig standen sie herum. Einer von ihnen neigte sich vor dem Buddha und sagte stellvertretend für alle: »Wir, die Mallas von Kushinagara, nehmen Zuflucht beim Buddha, nehmen Zuflucht zur Lehre, nehmen Zuflucht zur Mönchsgemeinde. Als Laienanhänger wollen wir ab heute betrachtet werden.«

Auch ein uralter Mann, der Wanderasket Subhadra, war unter den Mallas. Er wandte sich ebenso wie die anderen dem Buddha zu. Selbst alt und schwach, an der Schwelle des Todes, bekannte er sich zum Buddha und seiner Lehre. Ein letztes Mal sprach der Buddha die bekannten Worte:

>»Komm, Mönch, wohlverkündet ist die Lehre,*
>*führe ein Leben in Reinheit,*
>*um dem Leiden ein völliges Ende zu bereiten.«*

Mit leiser Stimme gab der Meister noch einige Anweisungen. Es sprach über das Verhältnis von älteren und jüngeren Mönchen, über die Gebote der Mönchsgemeinde; die Art, wie sein Leichnam bestattet werden sollte, möge man den Laienbekennern überlassen.

Schließlich sagte er:

»Vier Orte auf der Erde, ihr Mönche, sind für alle, die sich zur Lehre bekennen, wichtig: Welche vier? Die Orte, von denen man sagt:

›Hier ist der Erhabene geboren.‹

›Hier ist der Erhabene zur vollkommenen Erleuchtung erwacht.‹

›Hier hat der Erhabene das Rad der Lehre in Gang gesetzt.‹

›Hier ist der Erhabene im vollkommenen Nirvana völlig erloschen.‹

Diese vier Orte, ihr Mönche, sollen von den Bekennern der Lehre immer wieder aufgesucht werden.«

Die vier vertrauten Orte kamen mir ins Bewusstsein: Lumbini, der Ort der Geburt, ein unscheinbarer Salawald auf dem Weg von Kapilavastu nach Devadaha – auf unseren Wegen durch das Mittlere Land hatten wir manches Mal an dieser Stelle Rast gemacht. Uruvilva, der Ort der Erleuchtung, mit seinem mächtigen Bodhi-Baum, seiner Ruhe und heiligen Atmosphäre, wahrlich ein Ort der Besinnung und Meditation. Rishipatana, der Ort, an dem sich das Rad der Lehre zu drehen begann, der Gazellenhain bei Varanasi, ein liebliches Stück Land, gut zum Verweilen, gut für eine Mönchsgemeinde. Und schließlich Kushinagara, der

Ort des Sterbens, ein Städtchen, das ich bisher nicht sonderlich beachtet hatte, ein Ort wie so viele im Mittleren Land. An allen vier Stätten waren wir auf unseren Wanderungen oft gewesen. Sie sollten uns heilig und verehrenswürdig bleiben.

Die Nacht brach herein, Fackeln warfen ein gespenstisches Licht, Schatten fielen auf den Buddha. Wir saßen um ihn herum, gingen unseren Gedanken nach und warteten darauf, ob er noch etwas sagen würde. Bis zur mittleren Wache der Nacht war es nicht mehr lang.

Wieder begann der Buddha. Mit schwacher, stockender Sprache wandte er sich an uns: »Fragt, ihr Mönche! Haltet euch nicht zurück! Wer noch einen Zweifel oder eine Ungewissheit über die Lehre hat, der soll mich jetzt fragen, denn bald ist keine Gelegenheit mehr dazu.«

Niemand wagte etwas zu sagen und dem Sterbenden die Mühe einer weiteren Lehrrede zuzumuten. Schweigend saßen wir um den Vollendeten herum.

Nach einiger Zeit hörte ich seine Stimme erneut: »Ananda, es könnte euch vielleicht der Gedanke kommen: ›Der Lehrer, der uns das Wort verkündete, ist dahingegangen, wir können uns nun auf keinen Lehrer mehr berufen‹. Aber so dürft ihr die Sache nicht ansehen. Die Lehre und die Regel, die ich euch gepredigt und vorgezeichnet habe, die sind euer Lehrer nach meinem Ende.«

Dann wandte er sich den Mönchen zu: »Wohlan, ihr Mönche, hört, was ich euch noch zu sagen habe:

Alles, was ist, ist seinem Wesen nach vergänglich.
Bemüht euch angestrengt!
Rüstet euch aus mit Wachsamkeit!«

Das waren des Buddha letzte Worte.

Wir spürten, wie er mehr und mehr in den Zustand tiefer Meditation geriet, sich von uns entfernte und löste. Gleichwie der Rauch eines Feuers aufsteigt und sich im Himmel verliert, gleichwie eine Kerze herabbrennt und sich ihr Licht in der Dunkelheit verliert, so erlosch der Buddha in dieser Nacht.

Wir waren tief berührt. Ich erhob mich und sagte zum Kreis der Mönche: »Allzu schnell ist der Erhabene völlig erloschen. Allzu schnell ist das Auge der Welt völlig verschwunden.«

Anuruddha sprach die Abschiedsworte für den toten Meister: »Von uns gegangen ist der Erhabene, der Heilige, der vollkommen Erwachte, der Herr, der in Wissen und Praxis zu Hause ist, unübertroffen als Lenker und Menschenzähmer, ein Lehrmeister für Menschen und Götter, ein Vollendeter, ein Buddha.«

Das Weitere ist schnell erzählt. Die Bewohner von Kushinagara bereiteten alles zur Verbrennung des Leichnams vor. Sie wuschen den toten Körper des Erhabenen, salbten ihn mit Duftstoffen und wickelten ihn in Baumwolltücher, dann in kostbaren Stoff. Blumengirlanden in leuchtenden Farben wurden auf den Erleuchteten gelegt, mit Blüten und Räucherwerk wurde er geehrt, wie es die Sitte bei der Verbrennung einer angesehenen Persönlichkeit verlangte. Um seinen Körper herum wurden Ehrenschirme und Fahnen aufgestellt.

Anuruddha hat dies später weiter ausgeschmückt. Er erzählte von 500 Rollen Stoff, von einem Blumenbett des Erhabenen, das alles bisher Gesehene übertraf. Der ganze Ort Kushinagara, so Anuruddha, sei von einer knietiefen Flut von leuchtenden Korallenbaumblüten bedeckt gewesen. Die Götter seien aus dem Tushitahimmel herbeigeeilt und hätten mit himmlischen Instrumenten eine sanfte Musik gespielt. Sie selbst hätten den Erhabenen mit Blumengirlanden und Sandelparfüm geehrt.

Die Wirklichkeit, an die ich mich noch genau erinnere, war ein wenig einfacher. Die Leute von Kushinagara trugen den von ihnen bereiteten Leichnam des Buddha auf einer Bahre aus dem Salawald heraus hin zum westlichen Tor ihres Ortes. Um die Segenskraft des Buddha mit ihrer Heimat zu verbinden, schritt die Prozession dann durch die Straßen und Gassen und verließ Kushinagara auf der anderen Seite durch das östliche Tor. Dort, wo vor dem Tor ein altes Heiligtum war, wurde aus wertvollem, wohl duftendem Sandelholz ein Scheiterhaufen errichtet und der Leichnam darauf gelegt.

Wir warteten mit der Verbrennung noch einige Tage, bis einige der Mönche Kushinagara erreicht hatten, die in den nördlichen Gebieten wanderten. Besonderen Wert legten wir darauf, dass der ehrwürdige Mönch Mahakashyapa, ein guter Freund des Buddha von Anfang an, anwesend war.

So wurde der Scheiterhaufen erst sieben Tage später entzündet, Mahakashyapa übernahm diesen letzten Dienst am toten Körper des Erhabenen. Hell loderten die Flammen auf, der Rauch des Feuers stieg gerade aufwärts zum Himmel. Schweigend standen die Mönche, standen die Einwohner von Kushinagara um das lodernde Holz. Als der Holzstoß herunter gebrannt war, kamen einige Männer der Mallas mit Gefäßen. Mit frischer Kuhmilch löschten sie, wie es Brauch war, die Restglut.

Nach dem Erkalten wurden die Knochenreste, die Zähne und die Körperasche in eine Urne aus Ton gefüllt – in der späteren Beschreibung Anuruddhas war sie natürlich aus Gold und wurde auf eine goldene

Bahre gestellt. Die Urne wurde am Ort beigesetzt und die Malla-Krieger stießen rund um die Stelle Speere in den Boden, die die genaue Stätte markierten und zugleich einen Zaun zum Schutz bildeten.

Wie ein Lauffeuer hatte sich die Nachricht vom Tod des Buddha im Mittleren Land verbreitet. Von überall her kamen Menschen, um die Stelle zu verehren, wo der Erhabene in das nachtodliche Nirvana eingegangen war. Auch wollten sie die Urne mit den Reliquien des Buddha mit Blumengirlanden verehren. Das aber war der Beginn eines erbitterten Streites.

Denn die Leute von Kushinagara hatten bald erkannt, dass die Urne mit den Reliquien des Buddha, ja sogar die Holzasche vom Scheiterhaufen wertvolle Schätze waren, die den Ort überall berühmt machten und zum Ziel vieler Pilger werden ließ.

Doch an anderen Orten dachte man ähnlich und wollte sich ebenso Reliquienanteile des berühmten Lehrers sichern. Abgesandte aus verschiedenen Orten eilten nach Kushinagara und verlangten einen Teil der verehrten Reste: Da kamen die Mallas aus Pava, die Bulakas von Calakalpa, die Brahmanen von Vishnudvipa, die Kraudyas von Ramagrama, die Licchavis von Vaishali, vor allem aber die Shakyas von Kapilavastu. Auch König Ajatashatru sandte von Pataliputra aus einen seiner Minister. Alle forderten einen Anteil an den kostbaren Reliquien des Buddha. Als die Leute von Kushinagara dies in aller Deutlichkeit verweigerten, drohte man ihnen ungeschminkt mit Krieg. Eine unwürdige Situation war entstanden: Wegen des Erhabenen, der den Frieden gepredigt hatte, der gegen Gier und Hass aufgetreten war, drohten Gewalt und Kampf auszubrechen.

Unter den Männern, die für die Einäscherung des Buddha gesorgt hatten, war auch der Brahmane Drona. Der band sich ein Antilopenfell an einen Stock, um als Vermittler erkannt zu werden, und ging zu den verschiedenen Parteien, die um Kushinagara herum ihr Lager errichtet hatten. Drona verwies auf die Friedfertigkeit des Buddha und darauf, dass man seinem Andenken nicht gerecht würde, wenn es nun zum Krieg käme. Stattdessen schlug er vor, wollte er die Reliquien in acht verschiedene Urnen aufteilen, damit jede Partei etwas vom Erhabenen als Erinnerung behalten könnte. Schließlich gaben sich alle mit seinem Vorschlag zufrieden. Drona aber behielt als Lohn für seinen Dienst die Urne, in der die Überreste des Buddha ursprünglich eingesammelt worden waren.

Der liegende Buddha im Tempel von Kushinagara – dem Ort, an dem der Buddha im Tod ins Parinirvana, ins endgültige Nirvana einging.

Kushinagara (Kusinara)

Bereits in Vaishali war der 80-jährige Buddha schwer erkrankt. Doch nach dem Ende der Regenzeit machte er sich auf den Weg in seine Heimat. Nach einer Mahlzeit im Dorf Pava auf halber Wegstrecke erreichte er ein Salawäldchen, wo er im Kreis seiner Mönche verstarb.

Heute ist Kushinagara (Sanskrit), Kusinara (Pali) eine der vier heiligen Stätten des Buddhismus (neben Lumbini, Bodh Gaya, Sarnath). Ein Tempel mit einer liegenden Buddhastatue und ein Erinnerungsstupa kennzeichnen die Stelle seines Todes. Ein riesiger Stupa aus Backsteinen und ein Kloster wurden in späterer Zeit über dem Ort seiner Einäscherung gebaut. Buddhas Eingang ins Parinirvana (endgültiges Nirvana) ist ein häufiges Motiv in buddhistischen Tempeln.

223

Eingang ins Parinirvana

Der Tod Buddhas bedeutete zugleich seinen endgültigen Eingang ins Nirvana, das Ende seines Geburtenkreislaufes mit immer neuem Leid. Von dieser Bedeutung aus ranken sich viele Legenden um seinen Tod. Die Bilder der linken Seite zeigen seine Krankheit und sein Sterben. Nach der Verbrennung wurde seine Asche in einem kostbaren Schrein aufbewahrt, vergleichbar heutigen Schreinen mit buddhistischen Texten. Weil viele Städte eine Erinnerung an Buddha wollten, wurden Reliquien von ihm an viele Orte gebracht. Heute finden sich in allen theravadabuddhistischen Ländern solche Reliquien: Knochen, Haare, Zähne ...

Was da an Schätzen mag vorhanden sein
und an Juwelen, selbst in Himmelsreichen:
Mit dem Erhabenen kann sich's nicht vergleichen!
Der Buddha ist der höchste Edelstein:
Durch diese Wahrheit mögt ihr glücklich sein!

Dass ich so zurückkommen würde

Die Verwirrung unter uns Mönchen war groß, auch noch als sich die Unruhe um die Verbrennungsriten gelegt hatte. Wir empfanden eine große innere Leere, hatten die Mitte unserer Gemeinschaft verloren, den Mann, der uns zusammengeführt und, Schritt für Schritt, mit der Lehre vertraut gemacht hatte. Der Erhabene war nicht mehr unter uns, dessen Wegweisung wir gefolgt waren. Wir stimmten dem zu, was Anuruddha eines Tages über den Buddha aussprach:

>*Was da an Schätzen mag vorhanden sein*
>*und an Juwelen, selbst in Himmelsreichen:*
>*Mit dem Erhabenen kann sich's nicht vergleichen!*
>*Der Buddha ist der höchste Edelstein:*
>*Durch diese Wahrheit mögt ihr glücklich sein!*«

Der Buddha war unser Edelstein gewesen, jetzt waren wir verarmt, gebrochen, wie ein geknicktes Schilfrohr.

Ich sprach mit Mahakashyapa darüber. Doch er meinte: »Ananda, wenn ein Baum gefällt wird und umstürzt, dann macht dieser Baum mehr Lärm als ein ganzer Wald, der um diesen Baum hochwächst. Der Buddha ist verloschen, ins nachtodliche Nirvana eingegangen, der Baum ist gefallen, das ist wahr; aber schau dich um, sieh die vielen Mönche und Nonnen, die hier in Kushinagara versammelt sind oder die überall im Mittleren Land durch die Dörfer wandern. Das ist der Wald, der hochwächst. Sie tragen die Lehre weiter.«

Mir war das Bild Kashyapas tröstlich, doch kam mir ein neuer Gedanke: »Die Lehre ist unser Stützpunkt, unsere Insel, unsere Zuflucht, das hat der Buddha uns oft gesagt, auch zuletzt, bevor er starb. An die Lehre wollen wir uns in Zukunft halten, da der Buddha nicht mehr unter uns ist. Doch, Kashyapa, was ist nun mit der Lehre? Werden die Mönche hier unter uns und die vielen, die im Mittleren Land wandern, die Lehre auch recht behalten, ohne sie zu verfälschen, ohne etwas hinzuzufügen oder wegzulassen? Das macht mir Sorge.«

»Du hast Recht, Ananda. Wenn die Lehre nicht recht und unverfälscht festgehalten wird, kann große Verwirrung über die Mönche kommen, so wie die Lehren so vieler anderer Asketen viel Verwirrung, kaum aber Heil und Erlösung hinterlassen haben. Wir müssen die Lehre unseres Meisters so klar formulieren, dass sie uns nun zum Edelstein wird, zum Licht, das in der Dunkelheit leuchtet.«

»Mir fällt da, Mahakashyapa, eine Lehrrede ein, die der Buddha einst zu einem Novizen, Cunda mit Namen, gesprochen hat. Da sagte der Erhabene: ›Cunda, ihr, denen ich die Wahrheit dargelegt habe, müsst in Gemeinschaft zusammenkommen und zusammen die Lehre aufsagen und darüber nicht in Streit geraten, sondern Wort für Wort, Satz für Satz vergleichen. So nur kann diese reine Lehre lange Zeit existieren und fortdauern zum Nutzen und Segen der Menschen.‹ So hat der Erhabene gesprochen, wir sollten jetzt seinem Rat folgen.«

»Gut hast du gesprochen, Ananda, so wollen wir vorgehen.« Schon am nächsten Morgen nach dem Bettelgang rief Mahakashyapa die Mönche zusammen. Er wiederholte sein Bildwort vom gestürzten Baum und vom wachsenden Wald, verglich auch die Lehre mit dem Edelstein, der klar und rein leuchten müsse. Dann sagte er: „Lasst uns, ihr Mönche, in Gemeinschaft zusammenkommen, lasst uns dann die Lehre gemeinsam aufsagen und festlegen, damit nicht falsche Lehren und Regeln aufkommen und Irrlichter auftreten, während das wirkliche Licht schwach wird.«

Die Mönche stimmten dem Vorschlag zu. Doch man war sich bald darüber einig, dass jetzt, während der Trockenzeit, in der die Mönche wanderten, kaum die Zeit sei, solange in Gemeinschaft zusammenzusitzen, bis die ganze Lehre aufgesagt, für richtig befunden und von allen auswendig gelernt werden würde. So verabredete man, erst in der kommenden Regenzeit, in den drei Monaten des Monsuns, diese Versammlung abzuhalten, ein Konzil der Mönche.

Mahakashyapa brachte einen Einwand ein: »So zahlreich sind die Mönche, dass es kaum möglich ist, sie alle in einer Stadt zu versammeln. Zu groß ist ihre Zahl für eine einzige Versammlung. Eine einzige Stadt kann sie nicht in der Regenzeit ernähren. Lasst uns deshalb nur eine begrenzte Zahl von Mönchen für diese Versammlung auswählen. Sie sollen die Lehre bestimmen und danach den anderen vortragen.«

Wieder stimmten die Mönche zu und überlegten, wer wohl von den vielen Mönchen so lange mit dem Buddha unterwegs gewesen war und so sehr in der Lehre verwurzelt sei, dass er ausgewählt werden sollte. So kam eine große Zahl zusammen, auch Anuruddha.

Anuruddhas Name war kaum genannt, als er aufstand und sagte: »Gern, ihr Mönche, nehme ich an der Versammlung teil, eure Wahl ehrt mich. Wichtiger aber, als ich es bin, ist mein Bruder, der ehrwürdige Ananda. Er hat als Diener den Buddha während vieler Jahre begleitet, er hat alle Lehrreden des Buddha gehört und im Herzen behalten. Und ich weiß von seinem guten Gedächtnis. Ihm können wir vertrauen, wenn es um die Darstellung der Lehre des Erhabenen geht. Ihn also, Ananda, sollten wir vorrangig auswählen.«

Die Mönche stimmten durch Schweigen zu und so wurde ich für die Teilnahme am kommenden Konzil der Mönche bestimmt. Als Ort dieser Versammlung war die ehemalige Königsstadt Rajagriha gewählt worden, ein passender Ort, denn hier erinnerte alles an den Meister: Wie oft hatten wir im Venuvana, im Bambushain, oder im Jivakambavana, dem Wald des Arztes Jivaka, unser Lager aufgeschlagen. Wie oft war der Buddha mit uns zum Geiergipfel aufgestiegen und hatte dort oben auf den Felsen seine Lehre vorgetragen. Wie oft waren wir in Gespräche mit König Bimbisara vertieft gewesen, wie oft hatten wir frühmorgens die Straßen und Gassen der großen Königsstadt durchschritten, um unsere Essensspenden zu sammeln. Ich dachte auch an den unseligen Devadatta, an die Mordanschläge im Bambushain, auf dem Geiergipfel und an die verblüffende Geschichte mit dem aufgehetzten Elefanten. Ja, Rajagriha war der richtige Ort für die Versammlung der Mönche.

Ich erinnerte mich, dass auf der Bergkette oberhalb des Bambushains, fast unter der Gipfelkette, mehrere Höhlen waren. Sie waren nicht sehr groß, doch für unsere jetzt begrenzte Zahl geeignet. Die Höhlen waren vom Lager im Venuvana nicht weit entfernt, von ihrem Vorplatz dort oben hatte man einen freien Blick über die weiten Ebenen nördlich von Rajagriha mit ihren Reisfeldern und kleinen Wäldern. Auch während des Monsunregens boten uns diese Höhlen ausreichenden Schutz, sodass wir unserer Aufgabe nachgehen konnten.

Die Mönche stimmten meinem Vorschlag, die Saptaparnin-Höhlen von Rajagriha für das Konzil zu nutzen, sofort zu. So waren Ort und Zeit des Konzils bestimmt, die Versammlung konnte beginnen.

Wir hatten schnell einen Tagesrhythmus gefunden. Morgens gingen wir mit unseren Bettelschalen durch Rajagriha, sammelten Nahrung. Dann machten wir uns auf den Weg den Berg hinauf zu den Höhlen und begannen, einzelne Reden des Buddha vorzutragen. Jeder konnte dabei sprechen, die anderen hörten ihm zu. Einwände konnten erhoben werden, Verbesserungsvorschläge wurden gemacht, Ergänzungen vorgenommen oder Zweifelhaftes gestrichen. Wenn alle einverstanden waren, stimmten wir einer Lehrrede durch Schweigen zu. Dann wurde diese Lehrrede so oft vorgetragen, bis alle sie auswendig konnten. Danach wandten wir uns der nächsten Lehrrede zu. So ging das den ganzen Tag, kurz vor Mittag unterbrochen von einer kleinen Pause zum Essen. Am Abend saßen wir schweigend zusammen, betrachteten die untergehende Sonne im Westen und kehrten mit Beginn der Dunkelheit zu unserem Lager im Bambushain zurück.

Ich wurde oft um Rat gefragt. Wie kein anderer hatte ich die Reden des Buddha gehört, wie kein anderer hatte ich ihren Inhalt behalten. So trug ich eines Tages auch die Rede über die Pflichten des Mönchs vor:

»Wenn einer aus dem Haus in die Hauslosigkeit gegangen und die Ordenspflicht der Mönche auf sich genommen hat, dann soll er Folgendes beachten:

Lebendiges umzubringen oder ihm zu schaden, hat er verworfen: ohne Stock, ohne Schwert, einfühlsam, voll Mitgefühl hegt er zu allen lebenden Wesen Liebe und Mitleid. Nichtgegebenes, das, was anderen gehört, zu nehmen, hat er verworfen, nicht diebisch und gierig gesinnt ist er. Unkeuschheit hat er verworfen, einsam zieht er dahin, fern der Paarung. Lüge hat er verworfen, die Wahrheit spricht er, er ist standhaft und vertrauenswürdig, kein Heuchler und Schmeichler. Streit hat er verworfen, er einigt Entzweite, Eintracht beglückt ihn. Barsche Worte hat er verworfen, vielmehr spricht er Worte, die frei sind von Schimpf, dem Ohr wohltuend, liebreich, höflich, viele erfreuend und zur rechten Zeit.

Wer Mönch geworden ist, nimmt nur einmal am Tag und vor Sonnenhöchststand Nahrung zu sich, nachts ist er nüchtern. Von Tanz, Gesang, Spiel, Schaustellung hält er sich fern. Kränze, Wohlgerüche, Salben, Schmuck, Zierrat, Putz weist er ab. Hohe, prächtige Lagerstätten verschmäht er. Gold und Silber rührt er nicht an. Rohes Getreide und Fleisch nimmt er nicht an, Frauen und Mädchen nimmt er nicht an, Diener und Dienerinnen nimmt er nicht an, Ziegen und Schafe, Hühner und Schweine, Elefanten, Rinder und Pferde nimmt er nicht an, Haus und Feld nimmt er nicht an. Von Kauf und Verkauf hält er sich fern. Von Bestechung, Täuschung, Niedertracht, Rauferei, Schlägerei, Raub und Plünderung hält er sich fern.

Der Mönch ist zufrieden mit dem Gewand, das seinen Leib deckt, mit der Almosenspeise, die sein Leben fristet. Gleichwie etwa ein Vogel nur mit der Last seiner Federn fliegt, so ist auch der Mönch nur mit seinem

Gewand zufrieden, das seinen Leib deckt, und mit der Almosenspeise, die sein Leben fristet. So also ist der Mönch auf dem Weg.«

»Du hast, Ananda, die Lehre des Erhabenen richtig wiedergegeben.« Kashyapa setzte meine Worte mit einer weiteren Rede über die rechte Meditation des Mönches fort.

So zeichneten wir gemeinsam das ideale Bild eines Mönches, wie es der Buddha uns vor Augen gestellt hatte, und wir wussten, wie sehr wir an uns arbeiten mussten, um den Auftrag des großen Lehrers zu erfüllen. Die Versammlung stimmte unseren Worten schweigend zu.

Drei Monate, die ganze Regenzeit, brauchten wir, bis wir die Lehre in all ihren Einzelheiten vorgetragen, verglichen, überprüft und auswendig gelernt hatten. Wir waren froh, dieses Werk geschafft zu haben. Als der Regen vorbei war, machten wir uns wieder getrennt auf unseren Weg durch das Mittlere Land. Ich ging nur das erste Wegstück gemeinsam mit meinem Halbbruder Anuruddha. Dann trennten auch wir uns, jeder brauchte die Einsamkeit und die Stille. Wir verabredeten uns, auf getrennten Wegen nach Kapilavastu zu wandern, in unsere Heimat, dem Shakyer-Reich. War auch die alte Stadt Kapilavastu, die Stadt unserer Jugend, nicht mehr, war sie zerstört worden durch König Virudhaka, so war doch weiter südlich ein neues Kapilavastu entstanden und einige unserer Verwandten lebten vielleicht dort. Zu ihnen wollten wir gehen, ihnen die Lehre vortragen.

Auf dem langen Weg dorthin, während der vielen Wochen, in denen ich nur langsam vorankam, immer mehr die Mühen des Alters spürte, hielt ich mir die letzten Jahrzehnte vor Augen, die Zeit, die ich mit dem Buddha verbracht hatte.

Ich erinnerte mich daran, wie er damals nach seiner Erleuchtung nach Kapilavastu zurückgekehrt war, wie ich ihm vor dem östlichen Stadttor begegnet war. Mein Erstaunen, ja Entsetzen war mir noch bewusst, als ich ihn, den Sohn des Raja im Gewand des Bettelmönchs mit geschorenem Haar vor mir auftauchen sah. Ja, ich hatte nicht erwartet, dass er so zurückkommen würde.

Ich blickte zurück auf die Verwirrung, die er damals in mein so geordnetes Leben gebracht hatte, auf die Stunden und Tage, in denen er mich behutsam, aber zielstrebig zu einer Entscheidung führte, die mein Leben von Grund auf veränderte. Ich dachte an den Abschied von meiner Familie, von meiner Heimat, von meinem Besitz, an das Hinausgehen aus dem Haus, aus der Stadt, an den letzten Blick zurück auf das Stadttor. Das alles war schon so lange Vergangenheit.

Ich dachte an den Weg, den ich mit dem Buddha nach Rajagriha zurücklegte, an den Weg nach Shravasti, an die vielen anderen Orte, die wir auf unseren Wanderungen erreichten, an die vielen Dörfer im Mittleren Land, in denen wir Halt machten, morgens das Essen für den Tag erbaten und den Menschen mit einer Lehrrede für ihre Freigebigkeit dankten. Wir hatten die Lehre überall im Mittleren Land ausgesät, sie war aufgegangen und fing an Frucht zu bringen. Überall gab es nun Mönche, überall wurde die Lehre des Buddha verkündet, die Lehre von den vier edlen Wahrheiten: vom Leiden, vom Ursprung des Leidens, von der Überwindung des Leidens und vom achtfachen Pfad, wie dies geschehen kann.

So erreichte ich viele Wochen später, müde und erschöpft Kapilavastu. Ich wusste, dass an diesem Ort mein Weg zu Ende gehen würde, ich würde dem Buddha folgen, mein Leben würde verlöschen, ich würde wie er ins Nirvana eingehen.

Kapilavastu, die neuerbaute Stadt, war anders als meine frühere Heimat. Nicht an einem Fluss gelegen, nicht umgeben von Wäldern, sondern in einer weiten Ebene, schon aus der Ferne gut sichtbar. Neue Mauern waren gezogen, andere Menschen wohnten jetzt hier, nichts vom Alten war geblieben.

Was irgend auch entstanden ist,
muss alles wieder untergehn.

Es war nur noch ein kurzes Stück bis zum Stadttor. Ich fühlte mich auf einmal schwach und setzte mich unter einen Baum am Wegesrand, versank in meinen Gedanken. Der Buddha trat mir vor Augen, der hochgewachsene Mann mit seinen gütigen Zügen, mit seiner Ruhe und unerschütterlichen Gelassenheit, mit seiner Freundlichkeit und seinem Mitleid, mit seiner Weisheit und seinem Witz, mit seinen treffenden Bildworten, mit seinen eingängigen Gleichnissen, mit seiner kostbaren Lehre. Er war mein Vetter, aber er wurde mir mehr. Er war mir Freund, aber er wuchs darüber hinaus. Er war mir Lehrer und Meister, aber auch das reicht nicht aus, um ihn zu beschreiben. Er war der Erleuchtete, der vollkommen Erwachte, der Wegweiser, der Buddha, der Edelstein in meinem Leben.

Mühsam erhob ich mich und setzte meinen Weg auf Kapilavastu hin fort. Langsam, Schritt für Schritt, doch beständig setzte ich die müden und wunden Füße voreinander und kam der Stadt näher. Ich hatte nie erwartet, dass ich so zurückkommen würde.

Saptaparnin-Höhlen

Kurz nach dem Tod des Buddhas hielten die Mönche in den Sapta-parnin-Höhlen oberhalb von Rajagriha das erste buddhistische Konzil ab, um Einstimmigkeit über den Wortlaut der Lehrreden des Buddha zu erzielen.

Das Gleichnis vom Lotos

So wie eine blaue, rote
oder weiße Lotosblume,
obwohl im Wasser geboren
und im Wasser aufgewachsen,
unbeschmutzt vom schlammigen Wasser
auf seiner Oberfläche steht,
wenn sie aus dem Wasser herauswächst,
über der Wasserfläche steht,

ebenso soll der Jünger,
obwohl in der Welt geboren
und in der Welt aufgewachsen,
aus der Welt herauswachsen,
über die Welt hinauswachsen,
die Welt überwinden.

Buddhistische Zeichen

An den Kapitelanfängen befinden sich buddhistische Zeichen, die zum Inhalt des Kapitels passen. Zum Teil sind es die acht buddhistischen Glückssymbole, zum Teil andere wichtige buddhistische Zeichen:

Wunschjuwel
die Kostbarkeit der Lehre (1)

Endlosknoten
die Unendlichkeit der
Erkenntnis Buddhas (2)

Lotos
die Reinheit des Geistes (3)

Siegeszeichen
Sieg der Lehre über
die Unwissenheit (4)

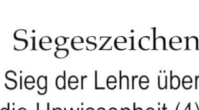

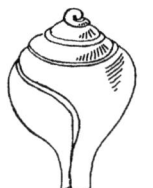

Muschelhorn
wie sein Klang soll sich
die Lehre ausbreiten (5)

Schirm
Zeichen der geistigen Macht
(6)

Rad
die von Buddha verkündete
Lehre (7)

Buddha in Meditation
Erleuchtung und Erlösung (8)

Bettelschale
Zeichen des buddhistischen
Mönchs (9)

Schatzvase
geistige und materielle
Wunscherfüllung (10)

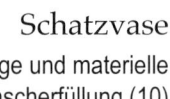
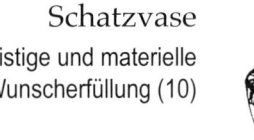

Lotosthron
die Reinheit der Lehre (11)

Fische
Befreiung aus dem Kreis-
lauf der Wiedergeburten (12)

Pfeil und Bogen

Erkenntnis und Ausrichtung
auf das Absolute (13)

Dreijuwel

die drei Edelsteine:
Buddha, Lehre und Sangha (14)

Stupa

Aufbewahrungsort
für Reliquien (15)

Buch

Weisheit und Vollkommenheit
der Erkenntnis (16)

Das Mittlere Land

in Nordindien war die Heimat des Buddha. Seine Heimatstadt Kapilavastu und sein Geburtsort Lumbini
liegen heute unmittelbar hinter der nepalesischen
Grenze, alle anderen wichtigen Orte finden sich in den
indischen Bundesstaaten Uttar Pradesh und Bihar.

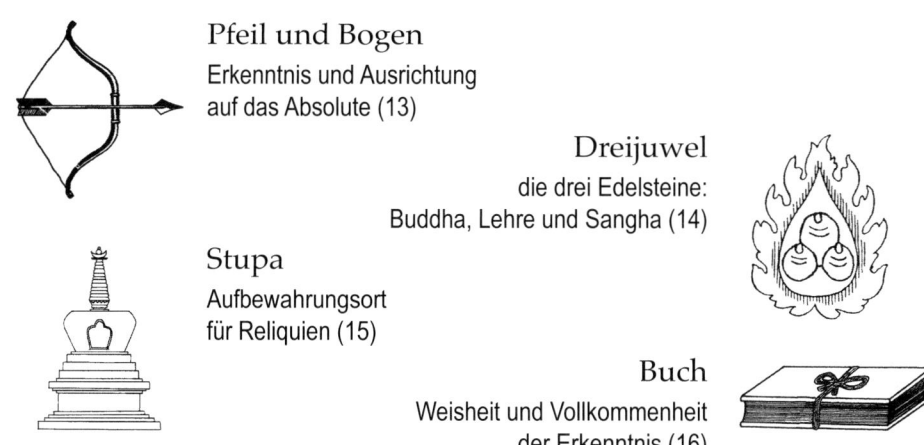

Personen- und Ortsregister

Die Namen der Personen und Orte werden in buddhistischen Texten in den Sprachen Sanskrit und Pali verschieden geschrieben. Wir wählen in diesem Buch grundsätzlich die Sanskritfassung (also etwa: Siddhartha Gautama statt Siddhattha Gotama). Dabei haben wir der besseren Lesbarkeit willen auf diakritische Zeichen verzichtet. Sh wird wie sch gesprochen, j wie dsch, y wie j. Sonst entspricht die Aussprache weithin unserem Sprechen.

In der folgenden Liste sind neben den Sanskritnamen in Klammern auch die Palinamen angegeben, sofern sie sich unterscheiden.

Ajatashatru (Ajatasattu) – Sohn und Mörder Bimbisaras, König von Magadha

Amitodhana – Vater von Ananda und Anuruddha

Ananda – Vetter, Freund, Schüler und Diener des Buddha, Erzähler

Anathapindada (Anathapindika) – Kaufmann aus Shravasti, Wohltäter des Buddha, schenkte ihm den Jetavana, den Hain des Jeta

Angulimala – Räuber bei Shravasti, später Mönch

Anuruddha – Vetter und Schüler des Buddha, Geschichtenerzähler

Arada Kalama (Alara Kalama) – Meditationslehrer, bei dem Siddhartha nur kurz blieb

Asita – Seher in Kapilavastu, weissagt bei der Geburt des Siddhartha

Bimbisara – König des Reiches Magadha, Vater Ajatashatrus

Chandaka (Channa) – Wagenlenker des Siddhartha

Dandapani – Vater Yashodharas

Devadaha – Heimatort Yashodharas, der Frau Siddharthas

Devadatta – Vetter, Schüler und späterer Feind des Buddha

Ganga (f) – Ganges, heiliger Fluss der Hindus, der vom Himalaja aus durch das Mittlere Land zum Indischen Ozean fließt

Jetavana – Hain bei Shravasti, in dem Buddha oft lebte

Jivaka – Arzt in Rajagriha, Leibarzt Bimbisaras und des Buddha

Kapilavastu (Kapilavatthu) – Hauptstadt der Shakya-Republik, Heimatstadt Siddharthas

Kashyapa (Kassapa) – Mönch, früher Feuerasket

Kaundinya (Kondanna) – einer der ersten fünf Mönche des Buddha, stammt aus Kapilavastu

Kosala – Königreich nördlich der Ganga, auch Oberherrschaft über verschiedene Fürstentümer, unter anderem über die Republik der Shakya, Hauptstadt Shravasti

Kushinagara (Kusinara) – Sterbeort des Buddha

Lumbini – Geburtsort Siddharthas

Magadha – Königreich südlich der Ganga, Hauptstadt Rajagriha

Mahakashyapa – Mönch, der das erste Konzil einberuft

Maudgalyayana (Mogallana) – einer der beiden wichtigsten Schüler des Buddha

Maya – Siddharthas Mutter, Shuddhodanas erste Ehefrau

Nairanjana (Neranjara) – Fluss bei Uruvilva (Bodh Gaya)

Nanda – Prajapatis Sohn, Stiefbruder Siddharthas

Nigrodha – kleiner Wald bei Kapilavastu

Pataliputra (Pataliputta, heute Patna) – Stadt an der Ganga

Prajapati (Pajapati) – zweite Ehefrau Shuddhodanas, Stiefmutter Siddharthas

Prasenajit (Pasenadi) – König des Reiches Kosala, Vater Virudhakas

Rahula Gautama (Rahula Gotama) – Siddharthas Sohn, Mönch

Rajagriha (Rajagaha, heute Rajgir) – Hauptstadt des Reiches Magadha

Rishipatana (Isipatana, heute Sarnath) – Hain bei der Stadt Varanasi, Ort der ersten Lehrrede des Buddha

Shakya (Sakiya, Sakya) – Geschlecht, Stamm des Buddha

Shariputra (Sariputta) – einer der beiden wichtigsten Schüler des Buddha

Shravasti (Savatthi) – Hauptstadt des Reiches Kosala

Shuddhodana Gautama (Suddhodana Gotama) – Siddharthas Vater, Fürst (Raja) der Republik der Shakya mit der Hauptstadt Kapilavastu

Siddhartha Gautama (Siddhattha Gotama) – der Buddha, stammt aus dem Geschlecht (Fürstentum) der Shakya (deshalb später manchmal auch Buddha Shakyamuni genannt)

Sujata – Mädchen aus einem Dorf bei Uruvilva, reichte dem Asketen Siddhartha nach seiner Hungeraskese erste Nahrung

Udraka Ramaputra (Uddaka Ramaputta) – Meditationslehrer, bei dem Siddhartha nur kurz blieb

Uruvilva (Uruvela, heute Bodh Gaya) – Ort der Erleuchtung

Vaishali (Vesali) – Hauptstadt der Licchavi-Republik, Ort, an dem der Frauenorden gegründet wurde

Varanasi (auch Benares genannt) – heilige Stadt der Hindus, an der Ganga gelegen

Venuvana (Veluvana) – Bambushain bei Rajagriha

Virudhaka (Vidudabha) – Sohn Prasenajits, König von Kosala

Yashodhara (Yasodhara) – Siddharthas Frau, Rahulas Mutter, auch Gopa oder Bimba genannt, Tochter Dandapanis

Die Schulen des Buddhismus

Im Buddhismus werden drei Hauptrichtungen (Schulen) unterschieden:

– Der *Theravada* (die Lehre der »Alten«) in Sri Lanka, Myanmar, Thalaind, Laos und Kambodscha, der sich eng an die Lehrreden des Buddha hält und bei dem jeder aus eigener Kraft zur Erleuchtung finden muss – der Buddha ist nur Wegweiser.

– Das *Mahayana* (der »Große Wagen«) in Vietnam, China, Korea und Japan, wo viele Buddhas und Helfergestalten (Bodhisattvas) der Gemeinde auf ihrem Weg zur Befreiung vom Leid helfen – der Buddha ist hier Helfer und wie ein Gott.

– Das *Vajrayana* (»Diamantwagen«) in Tibet und anderen Himalayaländern baut auf dem Mahayana ein kompliziertes System von Schutzgottheiten und Helfern, von Mantras und esoterischen Riten auf – der Buddha ist hier oberhalb eines Götter- und Dämonenheeres.

Bildregister

Aus den Fotoseiten geht meistens hervor, an welchen Orten die Bilder entstanden sind. Hier fügen wir eine Liste der anderen Fotos und ihres Ursprungs an, so dass die Vielfalt buddhistischer Ikonographie deutlich werden kann.

Die Legendenbilder der Seiten 64–66, 94, 124–127, 195,1, 224–225 sind in Kambodscha, Siem Reap, Wat Preah Prom Reath entstanden

Ein Wort am Schluss

Anders als viele Sachbücher über den Buddha und seine Lehre ist dieses Buch eine Erzählung und damit eine andere Zugangsweise zu einer der bedeutendsten Gestalten der Welt- und Religionsgeschichte. Mit dieser Textform und mit den begleitenden Fotos und Sachtexten werden die Gestalt des Buddha und die Grundzüge seiner Lehre anschaulich vorgestellt.

Angesichts der Quellenlage für den Buddha kann es ebenso wenig wie für Jesus eine Biografie im heutigen Sinn geben, ein exaktes Beschreiben der Lebensdaten und der Fakten. Zu sehr haben in Jahrhunderten entstandene Legenden das Bild des ursprünglichen Buddha, des Siddhartha Gautama, überlagert. Schale um Schale der Legende muss man abschälen, um zur wirklichen Gestalt des Buddha zu kommen und in Art einer historisch-kritischen Reduktion der traditionellen Überlieferungen dem »ursprünglichen« Buddha zumindest näherzukommen. Durch den Erzähler in diesem Buch, Ananda, dem Vetter und Wegbegleiter des Buddha, werden Einblicke in entscheidende Abschnitte seines Lebens gegeben. An Ananda wird zudem exemplarisch deutlich, wie der Buddha und seine Lehre Menschen veränderten. Die bekannten Legenden werden in zwei Kapiteln durch den Geschichtenerzähler Anuruddha dargeboten: Der Glanz des Buddha soll durch solche Legenden deutlicher werden.

Wenn man hinter die Legendengestalt gelangt, ergibt sich in herausragender Weise Buddha als Lehrer. Der Erwachte, der Buddha, ist durch seine Lehre zum Wegweiser geworden. Damit muss in einer Erzählung über ihn in breiter Weise die Lehre des Buddha eingeflochten werden. Dies ist hier durch die Aufnahme vieler Originaltexte aus unterschiedlichen buddhistischen Quellen geschehen. Allerdings haben wir, den Erfordernissen einer konzentrierenden Erzählung folgend, solche Texte manchmal in einen etwas anderen Zusammenhang gestellt, mit anderen, bereits bekannten Gesprächspartnern des Buddha verbunden, um den Leser nicht zu überfordern. Ebenso sind die Lehrreden auch erheblich gekürzt und vereinfacht. Dennoch ist der »Klang der Stimme des Buddha« in unserer Darstellung zu hören. Vor allem seine Gleichnisse sind uns eingängig, sie stehen deshalb bei seinem Sprechen im Vordergrund unserer Erzählung.

Die Beschreibung der Orte und die Fotos ergaben sich aus verschiedenen Reisen, die der Autor an die Originalschauplätze machen konnte. So kann ein wenig die Stimmung im Mittleren Land damals wie heute nachempfunden werden. Außer Fernsehantennen und Lastwagen hat sich – äußerlich jedenfalls – nämlich in diesen armen Gebieten Indiens, in den Bundesstaaten Uttar Pradesh und Bihar, nicht allzuviel geändert.

Verlag und Autor wünschen den Leserinnen und Lesern, dass sie, gleich von welchem religiösen oder nichtreligiösen Hintergrund aus sie dieses Buch zur Hand nehmen, etwas von der Faszination erfahren, die die Gestalt des Siddhartha Gautama, des Buddha, des Erleuchteten, ausstrahlt.

Inhalt

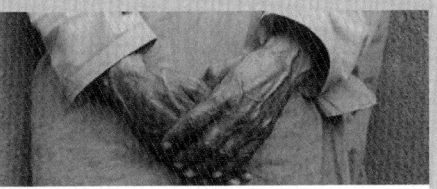

Briefe voller Lebensmut

Hermann-Josef Frisch
Geht mutig neue Wege
Briefe von Heiligen an Christen von heute

Format 14 x 22 cm
160 Seiten
Paperback
ISBN 978-3-8436-0072-9

Hermann-Josef Frisch
Euer Noach, Schiffbauer und Zoodirektor
Biblische Gestalten melden sich zu Wort

Format 14 x 22 cm
180 Seiten
Paperback
ISBN 978-3-491-70426-8

PATMOS
www.patmos.de